宜春学院

暇港回忆

——一个赣西乡村若干年中的
存在史记述研究

胡银根 著

群言出版社
QUNYAN PRESS
·北京·

图书存版编目（CIP）数据

暇港回忆：一个赣西乡村若干年中的存在史记述研究 / 胡银根著．-- 北京：群言出版社，2022.11
ISBN 978-7-5193-0779-0

Ⅰ．①暇… Ⅱ．①胡… Ⅲ．①村史－研究－江西 Ⅳ．① K295.65

中国版本图书馆 CIP 数据核字（2022）第 252709 号

责任编辑：胡　明
装帧设计：袁丽静

出版发行：群言出版社
地　　址：北京市东城区东厂胡同北巷1号（100006）
网　　址：www.qypublish.com（官网书城）
电子信箱：qunyancbs@126.com
联系电话：010-65267783　65263836
法律顾问：北京法政安邦律师事务所
经　　销：全国新华书店

印　　刷：三河市华晨印务有限公司
版　　次：2022年11月第1版
印　　次：2022年11月第1次印刷
开　　本：710mm×1000mm　1/16
印　　张：10.75
字　　数：180千字
书　　号：ISBN 978-7-5193-0779-0
定　　价：68.00元

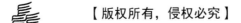

记住乡村过去

——读《暇港回忆》有感（代序）

近期，胡君银根兄赠阅《暇港回忆》一书手稿，四号字双面打印，长钉装订，简单紧扎，170多张大单页，封面素朴，两三株阔叶树掩映民房，旁边坚石与青草随意点缀。手稿与封面，犹如作者，朴素无华，文如其人。

《暇港回忆》的面世，说来与我还有一点渊源。银根兄荣休之前，常来我所在的单位学报编辑部办公室走动。我当时对村落历史文化的调查与研究有着几分热爱，曾向当时初来学校主政的负责人建议把村落历史文化当作学校人文社科的一个研究方向。我知道，这个建议很难一下子被领导接受，于是邀约了几位同事，各自选择一个村落作为研究对象，开始了小范围的村落研究，其中即有银根兄。为了让研究获得一定的经费支持，兴趣小组成员中有三人申报了宜春学院赣西区域文化研究中心的校级课题，并获得立项经费资助，其中即有银根兄的这一课题。《暇港回忆》正是此批课题的研究成果，也是三个课题中至今唯一完成了的。说来汗颜，作为宜春学院村落历史调查研究的发起人，我个人已经立项的课题却沉睡至今，看来需要抓紧完成了。

村落史的调查与研究具有保存与传承区域传统文化的重要史料价值。首先，村落史属于基层民众的历史，是我国历史的重要组成部分。中华民族自古以来就有重视历史记载的优良文化传统。从国家层面官修的各种体例的正史，到不同区域社会的方志与野史，再到每个姓氏、宗族、家族的族谱、宗谱、家谱，乃至于佛教的灯史、道教的宫观志等，我国史书数量之多、种类之全，在世界民族之林中无有出其右者。但是，我国的史、志、谱尽管丰富，唯独关注村落社会民众草根历史的志书较为缺乏。村落历史的调查与研究，恰恰是对我国传统历史编写薄弱环节的具状补充。其次，村落史的调查与研究，聚焦于民众的日常生活状态，展现了民众的情感、愿望与精神追求。国有国史，历代史家专职为之，聚焦朝代之更迭与历史人物及事迹；地区有志书，乡贤文人乐于为之，侧重区域社会的名宦乡贤及其事迹；姓有谱牒，姓氏族人合力为之，关注本族姓的历代传承与名望人物。由此观之，国家修史、地方修志、族姓修谱，各类史志向来对民众社会生活史关注度不够。关于历史的研究不仅要关注历史杰出人物的事迹，亦要记录村落社会民众的历史与文化，毕竟人民才是历史发展的真正推动者。最后，社会的发展前进，农村传统社会现代化转型步伐的加快，使村落历史文化的研究显得尤为迫切。尽管20世纪上半叶，有社会学者从事过村落历史文化的研究，其成果为村落历史的调查研究指明了方向，然而后续成果并不多见。随着20世纪末我国城镇化、信息化的快速发展，很多村落都成为了空心村，整个农村社会日渐萧条，村落历史文化随着城镇化的进程而逐渐失落。如今，国家层面已经意识到了农村的整体衰落将成为建设社会主义强国不能忽视的问题，提出了乡村振兴战略。从事新中国成立前后转折中农村历史文化的抢救、挖掘、整理与研究工作，自然应该是记住乡村过去、振兴乡村未来的核心要义。

翻开手稿首页，目录内容映入眼帘，"暇港村概况""新中国成立前暇港村历史回忆""新中国成立后暇港村历史回忆""结束语"，整本书稿的基本内容陈列在前，有的章节具体细目多达数十条。书稿回忆所涉及的内容相当广泛，包括新中国成立前后暇港村的地理方位、自然景观、建筑状况以及村落的政治、经济、社会、教育、医疗、民俗等情况。认真翻阅书稿部分内容后，便能联想到新中国成立前暇港村的整体状况，书稿中涉及政治生活的机构如乡公所、保，宗族社会生活的支派、祠堂、"头人"，经济生活的吃、穿、用、住，婚姻生活，文化教育与医疗，风俗文化，等等。前面部分的回忆重点落在新中国成立前的风俗习惯，具体涉及祭祖、修谱、送龙舟、赌博、唱戏、打拳、起会、迷信、打鼓、吃"汗毛酒"与"接姑丈酒"。作者通过详尽的调查，以及当事人的娓娓叙述，本书给读者呈现出一幅传统区域社会村落生活的立体景象。新中国成立后暇港村的历史回忆是本书的重心所在，几乎占全书4/5的篇幅，对新中国成立后暇港村从自然、政治、经济、社会、教育、医疗卫生、人口等内容进行了较全面的叙述，给读者展示了一幅新中国成立后暇港村发生翻天覆地变化的雄伟画卷。作者与我就暇港村的村落情况进行过多次详谈，忆之所述，具以事实，偕以情感，谨以措辞，刻以印象，唯实是求，忠于心载也。

银根兄的《暇港回忆》是对其家乡村落历史与文化的挖掘、整理、研究的成果，是地方院校转型发展服务地方社会的成果，是高校人文社科扎根地方政治经济社会接地气的成果。为了这一成果，银根兄花费大量时间驻足新余市南安乡暇港村，足迹踏遍了该村落每一寸土地，调查访问了该村落数十位老人，获取了大量宝贵的第一手调查资料。能有幸第一时间阅读银根兄的这一研究成果，我感到十分的荣幸。我有种强烈预感，本成果的发表，必将获得村落社会研究者的广泛关注与肯定，能为后人了解这段农村历史提供珍贵的视角。

我博士毕业后在宜春学院学报编辑部供职，现任学校图书馆馆长一职，在村落社会研究方面建树不多，受银根兄盛情邀请为本书作序，我既高兴但又只能勉强为之。评述若有不当之处，还望方家海涵指正。

杨永俊

写于宜春学院图书馆

2021 年 11 月

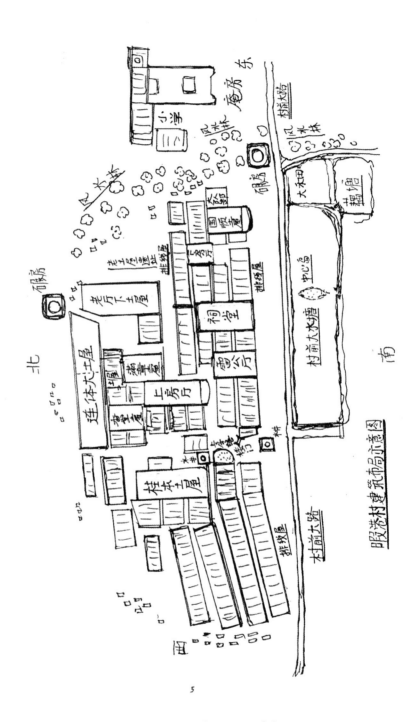

暇港村建筑布局示意图（1976 年）

前　言

....

　　四十多年前的新余县南港公社暇港（下江）村，是笔者青少年时期的故乡（即新中国成立后二十多年的故乡），现在它虽然已渐渐地隐入历史的深处，可它当年那生动多采的风貌至今仍深深地留在我的脑海里。在之后很长的一段时间里，故乡的山，故乡的水，故乡的历史变革，故乡的艰辛奋斗，故乡的人情逸事，总会像一页页浸染乡愁的奇异图画，翻卷在笔者对那个时期的记忆中，同样也翻卷在乡亲们对那个时代的记忆中。那是个充满理想、激情、改变、责任和改天换地的时代，是乡亲们团结、探索、拼搏、奉献、豪迈的时代。

　　往事如云烟，不忆将虚空。提起这段历史的面貌及价值，亲历过的乡亲们总会蓦然地激动及关注起来，总会即时地向笔者讲述那时的生活情景，描述那时的故事见闻，不少乡亲们还会顺便回忆起新中国成立前故乡生活中的一些情景，希望笔者能把这些内容作为新中国成立后历史的前提，一并加以整理介绍，以使人们对新中国成立后历史的理解更有对比感、转折感。

　　列宁说过：忘记过去就意味着背叛。想起故乡深厚鲜活的历史，想起对既往生活历史充满思恋的乡亲们，笔者深感回忆与记载故乡之历史责任重大、使命光荣，也深知通过前辈和我辈的共同回忆，是可以从隐涵本质的现象角度来反映历史面貌的，是可以帮助人们了解故乡新中国成立前后实际情况的。因而我暗暗对自己说："我将努力把大家和我对那个时期故乡历史的记忆整理描绘出来！"近几年来，笔者在供职单位宜春学院的大力支持下，将《暇港回忆》作为人生中的重要课题来研究。笔者相信，经过长久而认真的访问、交流、拍摄等工作，虽然会因自身能力与条件关系存在许多不足，但乡亲们和我脑海中的故乡还是可以通过文字来大致呈现的；也相信，人们能够通过这种呈现来窥见那个时期暇港村的基本面貌。

《暇港回忆》写作的体例及思想，是按照以下思路来进行设计的：

1. 主题

本书在交代暇港村概况后，按历史时间顺序来落笔内容。回忆所表达的主题是在人们回忆中展现出暇港村新中国成立前后综合历史的情况面貌，展现暇港村历史面貌中的画面感、过程感、事体感。具体来说，主题分两个方面：一是新中国成立前期暇港村凋敝不振的历史；二是新中国成立后暇港村人民在党的领导下当家做主改变自我与家乡面貌的奋斗历史。

2. 重点

回忆的重点是新中国成立后 28 年中暇港村的综合历史风貌。同时，以回忆新中国成立前的历史为辅。对于新中国成立前的回忆，由于作者未曾经历过，所以只能以老人们的记述为依据，加以印证、考证后再来落笔。

对新中国成立后的历史叙述，同样尽可能地以老人们的记述资料为主，因为他们是历史的亲历者。但对新中国成立后五十年代后期及六七十年代的历史，由于笔者有过直接的经历，因而就把老人们的回忆与自己的直观记忆有机结合起来，力求回忆全面、具体、客观。同时，也适当使用了一些形象思维与情态描写的方法，以便读者能准确体会当时的具体情景。

应指出的是，新中国成立前暇港村的历史回忆，反映出了该村政治、经济、文化、风俗等特殊情形，也可从中窥见当时江南农村中的一些共性情况。那段历史是新中国成立后出生的人们所难以想象的，这种回忆对现在而言带有历史抢救的性质。对新中国成立前暇港村回忆部分的文字虽不多，但它却是新中国成立后历史回忆的基础，对回忆的客观性、完整性有着重要意义。

3. 资料

在写作中，笔者具体、求实、辩证地对待历史回忆资料，让回忆主要具有历史资料价值，进而也兼有学术价值，而不直接将其纳入学术探究中。作者认为，回忆具有历史资料价值后，才会具有学术价值，没有历史资料价值这个基础，就不会具有学术价值，反之则自然会体现某种学术价值。对暇港村新中国成立前后的回忆，笔者均严格以记忆资料为依托，同时融入必要的情景描述（如文字、照片），目的是使人们能在回忆情景中去具体品味历史、对比历史。因而，本回忆重视切实而行，不盲目追求新中国成立前后历史内容的对应（事实上也无法对应，因为历史内容发生了重大变化）。对于能够采访到的重要回忆资料，笔者尽量加以表达，尊重回忆者的思维飘逸，不苛求完整，以求最大限度地反映历史的多个方面，映现出回忆对象中的大背景。对无法了解的历史实况，笔者保持理性止步，决不凭主观猜想来使回忆完整。

此外，笔者对历史回忆不直接进行学术评价，只做回忆事实与情景的记载，让人们去自由感知和评价历史。时代中的机制与价值，大都隐藏在历史回忆的现象中，不必要回忆者、笔者一一道明。可以说，历史回忆最重要的价值就在于忠于回忆，而不在于研究回忆。研究是对回忆的解读。历史回忆中既有主题，有时又不会处处显明主题，需要读者依据事实予以思考解读。只要历史现象回忆得真实，读者自然能够抽象出历史的逻辑与脉络。

目 录

第一章　暇港村概况

暇港村是一个历史悠久的南方乡村。它原名"暇港",后来人们为了便于记忆和传达,遂以其音为依托,变成现在的"下江"。考究其名之起源,据暇港胡氏重修支谱记载:南宋淳祐六年(公元 1246 年),宋元兵燹,游仕于湖南湘阴居双峰之根公六世孙胡文峰,因事东游,来到江西新喻港口,"观港口峰峦耸峙,幽闲僻静,遂暇于此而居焉"。暇港村名因此而有也。据此可知,暇港的村史距今已有七百七十多年。

现在除宗主村暇港外,周围还有从宗主村分出的多个小村,包括老头村、率田村、东洲村、彭家塘村等,更远些的村子,有从暇港中房雷公厅走出至新干县后来子孙繁衍形成的殷富村,人口已过千,比宗主村人口还多,还有殷富村后代走出去形成的新干县东湖村。由于亲族血缘关系,宗主村和分支村关系向来亲善密切,家族中的祭祀、修谱等事情常是聚为一体;在胡氏邻村之间,仍有一些祖先山地被共同使用的现象。以上这些关系与现象,是封建社会血缘传统的必然产物。当然,从村庄的政治、经济等主体内容来看,各个村的相对独立性也是不可否认的。而暇港村也正是在这种独立性中具有了自己的生活历史,充满了生活个性。

一、地理方位

暇港村位于新余市南安乡狭小田坑的中部,东径约为 11.40°,北纬约为 27.60°,与浙江省的瑞安,福建省的武夷山,江西省的抚州、宜春、萍乡,湖南省的湘潭、怀化等地纬度相当。整个村庄坐北朝南,东近哲山村,北邻花溪村,西望皂港村,西南面邻彭家塘、老头村、东洲村。

二、气候

暇港村处于北半球亚热带气候带,四季分明,温差明显,其四季不同的景象给人们留下了深刻的印象。

20 世纪中叶,暇港村的冬春季清晰且富有诗意。时入深冬,这里的天空总会刮起刺骨的寒风;有时风停后降温,会突然听到四周响起"沙沙"的下雪的声音；有时还会忽然发现天空纷纷扬扬飘起了鹅毛大雪，日夜不停，让四周的田港和远处的山林变成白茫茫的一片，世界纯净而壮观。此时，仰望天空的孩子们总会激动地惊呼起来。我还记得，当雪下得很厚时，屋檐前的瓦沿常会挂起一根根雪白晶莹的冰凌，冰凌的长度有时能达到一尺。同时，冬雪产生的反光，会使屋内一些终年黑暗的地方暮然变得清晰明亮起来；有时大降温会使得村边的两口池塘的表面悄悄冻出了厚冰，不怕冻的孩子会试着滑起冰来。那个时候，我们并不觉得天气有多寒冷。

春风泛起时，村边野外的景致是那样的浪漫多彩。那时使我们最感觉欢快的就是，风漾荡着吹来，像喝了许多美酒那般使人感到舒服轻松，天地间变得暖洋洋一片，风吹绿了山，吹醒了田野中的红花绿草，吹响了门框上哗哗作响的大小春联。不知何时，一双双燕子从南方翩翩飞来，它们不停地在天空翻腾飞舞，不时地旋入农家庭堂，仔细打量着过去用来生育后代的故巢，呢呢喃喃地叫个不停。当时在排线屋的每户农家厅中的横梁上，几乎都有燕子夫妇啄泥做的半圆形燕窝。当母燕下蛋孵出小燕子后，每天都可以看到燕子父母衔着食物喂饲幼燕的亲昵情景。

对于燕子孵养幼燕的事，大多数农户都会尽力加以保护，不会让小孩子去取蛋或捉小燕子玩，这在当时似是一种约定。胡仕华回忆到，由于燕巢的燕子经常会拉屎掉到地上，他妻子曾几次想把燕巢弄掉，赶走燕子。于是他就耐心地劝妻子，说燕子是益鸟，做个巢很不容易，需要费去很多精力，燕巢是供燕子养育后代用的，人要爱护它们。之后他家里就做个袋子把燕子屎托住，把燕子留在了家里。

我和伙伴们也记得，在小燕子成长的日子中，细雨经常朦胧地飘洒着，远岭近山很快绿了起来，流水在溪里哗哗地响着，山花菜花一片烂漫，生产队里的社员们，有的在农田里高声地吆喝着耕牛，有的在堆垒田埂，有的在路上挑送着牛粪。这时候的春景，显得一片繁忙与生动。这些回忆，也反映出当时生态环境的清净和美丽，展示出值得人们珍惜的自然生态价值。

这里的盛夏，闷热潮湿，晴雨多变。记得"双抢"期间，这里经常会出现台风和雷雨天气。台风袭来时，景象恐怖，风吹得四周嗡嗡发响，乌云铺天盖地涌来，这时，我们儿童往往天真而又顽皮地在风里跑着跳着，拍着手唱一首儿歌："风来了，雨来了，蛤蟆仔扛着鼓来了，媳妇女仔端着灯来了……"不久，雷电震天般炸响，雨点像黄豆般倾泻下来，割好的稻子被吹得乱七八糟。这时村民往往急切地抱来晒垫并将其搭盖捆绑在垒起的禾堆上。诡异的是，迅疾的风雨折腾了一会后，便消失得无踪无影了！这就是那时夏天的雷暴天气，与如今的气候相比变化较大。

必须要重点记忆的是当时的气温、阳光给人的身心带来的感受。我记忆中的 20 世纪六七十年代，那时最热的时候是公历七八月间的夏收夏种时节，尤其在七月，暑情可谓最重，给年幼的我留下了深刻印象。当时村民外出参加集体割禾、收禾、整田、拔秧、栽禾等劳动，为防烈日晒伤，一般都会戴上一顶用麦秆做的草帽，也有少数不戴草帽的犟人，只带上一条毛巾擦汗了事。那时每天正午至下午四点前气温最高。这时，村内的地面让人感到像着了火似的。在田野里，此时若空气不流动，人们干上一阵活，身上的汗就会像"打李子"一样掉下来；若空气有些流动，则气温要比村内略低点。为了驱赶暑气，大伙干活时常会用吹口哨的方式去招"呼风"。当时，尽管天气很热，但到下午生产队里收禾时，多数十岁左右的孩子会背上鱼篓，结伙去捡散落在田里的禾穗，实际上他们几乎是全程跟着收禾的社员队伍。我清楚地记得，当时田野上空照射的太阳光是黄色的，甚至有一点黄红耀眼的感觉，它晒在身上、皮肤上虽然难受，但热辐射的感觉还不明显，长时间照着还能吃得消，最多会使身上生出一些痧皮来，也有的小孩因此头上会生出一些红肿的疮仔来。但当时大伙顶着烈日并不怎么叫苦，认为这种暑热反应是正常的。

说到家乡的温度，我曾好奇地向老人们问过新中国成立前的一些情况。老村民胡仕华对 20 世纪三四十年代气温的情况回忆十分清晰。他介绍道："那时候的暑天我觉得特别热，有时热得令人难以忍受。比如，我家在村南几里路外的山坑里有一些稻田，待到七月收割时，须经过一段几百米长的山路，山路两边柴丛紧邻，积在灌木丛中的热气会不断向路中压过来。上午九点以后，这里就开始热气逼人，经过时人会感到难以喘过气来，因而我们挑担通过时，必须要注意赶早，否则就容易中暑。"他还回忆说："那时冬季天气寒冷，冷得入骨。我十五六岁时跟父亲学做卖豆腐的生意，每天夜里要去磨豆浆，有时因天气很冷，不但脚趾会冻得发痛，连磨出来的白豆浆，不久也会凝冻在磨座的表面上难以流下来。这时，就需要用热水来帮忙。新中国成立以来，我很少见过这种情况。不过，那时的冷和热，是随着时间慢慢变化来的。"

他的这一感受，与我在新中国成立后的二十多年的感受是相同的，我回想起来觉得，那时的气温变化是渐进式的，比较有规律，譬如冬天的大雪，常在大雪节气出现，不会入冬不久就飘下大雪，这与现在情况有所不同。记得 20 世纪 60 年代的一个深冬，我在外婆家做客，村民们都坐在众厅围坐在火堆旁烤火，听一位老人讲历史故事，下午外面天空突然飘起鹅毛大雪，而且雪越下越大，晚上也接着下，一直下了将近三天三夜，地上积起一层厚厚的雪，瓦檐边结出的冰凌有一尺左右长。那次大雪给我印象很深。比照 21世纪的当今，因温室效应影响，气温的变化已显得比较异常：热，比以前热得早，或骤然热得厉害；冷，也有时冷得早，或骤然冷得厉害，太阳光也变成白色的了，其中的紫外线很强，人们外出时若无遮蔽将很难抗得住。总之，气候已经明显改变了。

由于气候湿润，降水丰富，这里的溪流曲折，沿途两旁杂丛遮蔽，一路上田间多余的水汩汩流入，形成溪流良好的生物生存环境，其中栖息的动物主要有蛙类、鱼类、蛇类，尤其以蛙类居多。春夏之时，溪边一旦有人声惊动，田中的青蛙、土蛙便纷纷跳向溪中躲避。晴天时，青蛙常伏在溪边湿泥上坐观四方，以逸待食。有一次，我和堂弟胡桂根到村前建场他家菜园探究情况，突然发现瓜架下的溪底阴凉处正匍伏着一只大"老噶"（老噶，青蛙中的一种，泥褐色，肉味香美），略有口吃的桂根竟情不自禁地叫了起来："那里有一只大老噶，一两、二两、三两……起码有四五两，还有一只、两只……"他有些结巴，神情那样惊讶，让我记忆很深！这也可见当时溪中多么富有！此外，这里的池塘也显得格外安静，下雨时，潇潇雨滴洒在池塘中的菱苗上，泛出阵阵涟漪，让人感到了乡间的恬淡诗意。池塘是农民用来调节农田雨水的，蛙类自然也不少，那也是它们的家园。那时我们走在田间路上，总见青蛙受惊后纷纷从路上跳向两边田里，有时甚至会踩到青蛙，田间就是青蛙的生活场所。很久以来，村民们并不吃除"老噶"之外的青蛙，大概是在 20 世纪 60 年代，村里开始有人试吃青皮肤的青蛙。渐渐地，村民们开始习惯地捕食青蛙，田野间的大青蛙也开始逐年地减少。21 世纪初，国家农业部在南安乡搞稻田平整项目，把原来错落有致、依自然形成的农田地貌用机械统统推平，并另行开挖排水渠和田间路，延存千百年来的水塘与溪流从此消失不见了，千百年来繁盛于田野的蛙类也几乎销声匿迹了。

三、建筑格局

暇港村由始祖胡文峰在公元 1246 年选址而建。从新中国成立后的实际情况来看，这一选择是具有长远眼光的，使暇港村成为了一个具有个性优势的乡村。

一是地理位置较好。暇港村在南安乡大田坑的中部，四方视野开阔，邻边青山偎依，周围田畴平整，中有溪圳环绕，土质厚实，旷野风畅，与邻村相望而不纠，与山水相连而不闭，为后辈人丁兴旺、村落安宁拓展奠定了很好的自然基础。二是交通便利。暇港村居田港之中，邻旁虽有大山百丈峰，但未碍及社会交通，村东有路直通新干县城埠口；西北可循丘陵便路直通罗坊，再西延至新余县城；北边有大路通姚圩镇、黄土岗镇。也因而，新中国成立前夕，有解放军部队南下就曾借道暇港旁边西来东去或东来西去。三是发展余地较大。从系统论、结构论的视角看，暇港村西南平整广阔，田地千亩以上，村南山地面积不少，直向百丈峰山基延伸渗透，有很多可利用的山地资源。可以自信地说，暇港村的自然环境要明显胜于邻边的哲山、皂港、南门、东洲上等村的自然环境。

在优越的自然条件基础上，经过历代先民对村庄的建设及对环境的优化，暇港的房屋建筑及风景已基本成型。

20 世纪 50 年代，暇港村的民居主要以单间长方形的排线屋为主体，以村祠堂和三处房厅为核心，以"八栋土屋"为骨干，以二口井二水塘为依托，形成了一个风貌雍容端庄、内涵深沉的南方民居村落。

从结构的角度看，祠堂房厅的大厅下（祠堂）（图 1-1）与三处房厅（上房的上房厅、中房的雷公厅、下房的下房厅）（图 1-2、图 1-3、图 1-4）是暇港村中最有根源性和文化感的建筑，其中祠堂（俗称大厅下）位于村前建筑中心处，分三进（即前厅、中厅、后厅），前厅形象庄严，后厅宽阔深沉、中厅略窄。在村民的心中，这里既神圣又吉利，是缅怀祖先、娶亲、办私塾的合法场所，更是追根溯源的地方。也许是先祖为了凝聚人心与亲情，后厅大梁高悬的匾额上，镌刻着"思省堂"三个大字。

（a） 大厅下（祠堂）的前厅与门口

（b） 大厅下（祠堂）的中厅

（C）　大厅下（祠堂）的上厅

图1-1　大厅下（祠堂）

图1-2　上房厅

图1-3　中房雷公厅

图1-4　下房厅

　　"思省堂"三个大字也清楚表明了这里地位的特殊。在家族公共事务中，曾经外出他乡开辟新支派的族人子孙返回暇港村时，首要的第一件事，就是要列队到大厅下进行祭拜瞻仰，思省血脉历史。因此，村里办宗族大事、开设公共宴会，一般都选在大厅下来举行，而不能在别的房厅。大厅下犹如南方客家人难以忘却的洪洞县的那棵大槐树。另外三处房厅，其中以上房厅体制最大，雷公厅历史最久，下房厅最小。它们分别是房族进行公议、办红白喜事的合法场所。

排线屋与土屋。简单的排线屋和较阔气的土屋是村民日常生活的住宅。排线屋（图1-5）是南方农村的一种常见的民居建筑形式，在江西中南部尤其多见。其特征是每排房屋都由若干间面貌类似的单间组成，每间都是傍着邻间的直墙来建成的；也就是说，每间屋都只需要做一面直墙及前后两面横墙。由于建筑成本较低，又利于相邻相助，资金较弱的农家一般都以这种房屋为成家立业之所。每间排线屋里一般会用木壁隔出前厅（堂厅）和后屋两个部分。前厅如堂，一般置有神龛、饭桌、板凳等物，是主人会客、吃饭和议事的场所，后屋是置放床铺和做饭的地方。由于农家房屋面积有限，有的农家还在床与灶之间开设一处畜栏。经济条件较好的农家，则往往同时建两间排线屋，这样就会将厨房、畜栏、柴杆等安排在一个独立的房间，房间也自然要干净卫生许多。有这样条件的人家，在20世纪中叶多半是受人羡慕的中上户。

（a）胡财成、胡道成家排线屋

（b） 大厅下（祠堂）中厅边胡国平家排线屋

（C） 排线屋外观 　　　　　　　　　 （d） 排线屋一角

图1-5　排线屋

　　当然，暇港村人多地广，在解放前，也自然会出现一些田地较多的地主。地主虽然也是农户，但依靠善于长远谋划及积累较多，一般都会兴建土屋来居家。暇港村共有土屋八栋。土屋并不是用土砖来砌墙的屋，而是用青砖来砌四周墙体的豪阔大宅。其体貌稳固庄重，多数呈长方形，内部有一大厅堂，旁边有若干间厢房或耳室。较长的土屋中还设有天井，屋后部分设有磨房、储房与厨房等。由于土屋四周有砖墙围住，屋内气温较均衡，夏凉冬暖，但也因窗户较少，空气对流不畅，屋内显得阴气湿气偏重。土屋是主人能力与地位的一种象征。这些土屋中有两栋分别由胡满章（图1-6）、胡国顺亲手主持新建，其余土屋均是19世纪之前兴建的（图1-7）。

图1-6　胡满章土屋

图 1-7　胡桂本土屋（上房水井旁）

村里最古老的一栋土屋叫"老厅下"。该栋土屋的建筑年代已不可考证。至 20 世纪 50 年代时，该土屋的色调已斑驳沧桑，可其内部设计依然系统周密，木件仍繁多而坚实，有多个堂厅、厢房、库房、厨房，前后有天井三个，可容纳多户人家生息，是村里体量最大的独体土屋。

四、村中水井水塘

暇港村的水源滋润靠水井与水塘。为便于照顾全村人的生活饮水，该村在村前与村中心各开掘了一口水井。由于挖中了水源，井中水量终年充盈，水质也较明净。尤其是村中心的那口水井，水体清净，水味甘甜纯正，外人饮过后无不大加赞赏。两水井的井圈均用石条砌成，中心水井还做了一个棚亭加以遮盖。水井涌出饮用水，也荡涤着村民的思想。每当夏秋中午或傍晚时，这里都是村民歇息交流的重要场所。人们在这里谈天说地，拉扯家常，传播新闻逸事，表达意见情感。而村前那口水井（图 1-8）的井台，夜里还是人们的观星台。我曾在这里听大人们讲过许多故事。到了 20 世纪八九十年代，村里的新式框架房屋栋栋拔起，房屋内一般都会开一口压水井，因而饮用公共井水的家庭越来越少了。如今，两口水井已被废弃不用，中心水井处的盖棚也早被拆除了。

图 1-8　村前水井

　　乡村有井一般也有水塘。暇港村有大小水塘各一个。大水塘（图 1-9）位于村前，长约 80 米，宽约 20 米，塘中长期有储水，四周飘满了菱角苗叶，池水终年倒映着村前的屋宇。该水塘终年不旱，源于村前西南一水圳的水流进其中，同时由村东南一条小溪把塘水引出，如此塘水自然就成了活水。在 20 世纪五六十年代，村前大水塘是全村人擦身、洗涤衣物的最好去处。春季，生产队包早稻种的秧篓被抛在这里浸泡；盛夏，小朋友们经常成群结队到这里游泳戏水；秋天，有人到塘中采菱摸鱼；冬时，塘中的厚冻冰被小朋友一块块切开，提起挂在墙边融化，惹来一阵阵欢笑声。

图 1-9 村前大水塘

五、风水林

暇港村民在大力建造不同建筑的同时，还十分重视尊奉道家的风水理念，长期栽培与养护了村东北的一大片风水林。乡村风水林古来有之，它是用来荫护和美化村落的一种功能特殊的树林，一般都被养护在村庄的两侧或后侧，是村庄文化的重要体现。

在 20 世纪五六十年代，笔者在童年、少年及青年时期，曾亲眼目睹过村东北那片风水林奇异美丽的风采。远远望去，这片排列错落有序的树林，像是一排披挂威严的将军，静静地矗立与守护在空旷的村头。风水林长约 200 米，由香樟树、枫树、檀树、刺树等组成，其中香樟树占多数。

在孩童们的眼里，这些香樟树大都高大，有五颗香樟树的直径达两米左右，需要五六个人牵起手才能抱住，宛如擎天柱般，茂密的枝叶环绕如云，轻风吹来，一片沙沙的风叶声。由于岁月久远与风雨的洗刷，香樟树的根部裸露出的根丛犹如龙蛇盘缠，既苍老又结实。有时，树顶常会掉下许多乌黑清香的樟子，用脚踩开会散发出呛鼻的异味，孩子们经常会捡樟子来嬉闹玩味；枝顶悬着的许多巨大的鸟巢，常带给孩子许多惊奇和猜想。令人惊叹的是还有那几棵大枫树，其挺拔向上的伟岸身躯，轻盈含香的簇簇枫叶，像是一位位神采奕奕的村庄形象大使，飘逸着一股自然清纯的灵气。类似的风水林大树，我只在宜丰县天宝乡的乡村里见过，但天宝乡的风水林不如我家乡这片风水林端庄大气！

风水林给暇港村带来了声誉与福祉。路过的客人见到时常充满惊异和敬意。令人遗憾的是，这些被祖先长久养护下来的风水林，却并未得到后辈人们的重视和珍惜。20世纪六七十年代期间，由于环境保护意识落后，加上行政管理的疏忽和轻慢，木材使用量的增加，风水林中的这些大树陆续遭到砍伐，砍下的树木被加工成板材，主要由村大队经手卖给村民或公社木业社。许多村民家中的大方桌面，就是用那些樟树加工做成的。我还清楚地记得，每砍倒一棵大树，村头的天空就会多出一个大缺口，树倒下后的锯板场面很大，落在树蔸旁边的硕大树干，被手艺人们用铁棍支上支架，钉牢后再用长锯逐渐分解开。几天后，地上满是树屑和细软的锯屑，隐隐散发出来的樟香气袭人肺腑。无论是这樟树屑的浓香，还是后来枫树屑的清香，都让人们久久难以忘记风水林的味道。

在风水林的南边水圳旁和村北的碾米房旁，还生长着一些坚硬的杂本树和经济树，如木质猩红的油草树，树身修长的黄檀树，秋时挂满皂果的苦楝树，有的树身还长满了寄生的薜荔藤。炎夏时，用薜荔果的籽制作的洁白凉粉，是南方最优质的天然解暑饮料。

如此壮观美丽的风水林，如果今天还存在的话，那么它毫无疑问会是一道惊叹四方的风景，来这里猎美和观赏的人们将络绎不绝，暇港村可能也会更加闻名。

六、农田水资源

暇港村坐落在丘陵中大坑的中部，南山之泄水与西边东来的流水，都必须经过村里的田野。由南山方向泄来的水源，由20世纪50年代兴修的两座小型水库储存及一条溪流导向下方；西南方向的田畴之中，分别有经过老头村、彭家塘而来弯曲经过村前塘边的一条水圳和西南方向由东洛田坑流下的另一条水圳。后一条水圳通过村西南田畴向偏北方向蜿蜒而下，是影响暇港稻田浇水面积最大的一条水路。在20世纪四五十年代，为便利灌溉，村民先后在该水圳途中添加了三座砂石砌的拦水坝（石港田坝、小江坝、屋背坝），同时在水圳前后架设了五座石桥或木桥，由西向东分别是板桥、石板桥、温家桥、屋背桥（两座）。

此外，村的最西侧稻田中有一条水圳，经东洲村背后折向东北，经乌桤树下分流，一部分水经拦水坝流向北面直入小江中，另一部分水经圳汇入村背后的水圳中。这几条水圳，像一个人身上的大动脉，担负着暇港村大部分农田的灌与排的使命。由于丰水期通常较短，故一般情况下，这些水圳中的水流较和缓；到干旱时，也有部分水源涓涓流过；降大雨时，水圳中的水会迅速上涨，奔流而下，至拦坝冲泻时发出轰轰的撞击声。

记得在 20 世纪六七十年代的每年五月左右，也是在栽早禾的时候开始，圳里的水开始涨了起来，这也正是岸边灌木丛野花开得香的时候。野花中最显眼的有两种，一种是野刺花，貌似月季花，盛开时艳红妩媚的花朵点缀在绿丛上，一些蜜蜂在其中飞来扑去，透出一股袭人的清甜香味；另一种是金银花，它们的藤条总会附在圳边的灌木枝上，错落有致地缠绕着，一簇簇白黄相杂的花絮争芳斗香，形态十分纯洁秀丽，同时，它也总是为一些小虫所钟情欣赏着，掉下的花藤被流水悠悠地漂摆着，为乡村妆点出幽美可爱的田园景致。可惜，这些圳边的美物美景，均被几十年后的农田标准化项目所损毁，还有这些带着许多故事的圳溪，也在那时被毁。回想起来令人感慨不已！

除了水库、水圳外，暇港田畴中还比较均匀地分布着七口大小不一的水塘，其名分别为眼前塘得、庵边塘得、麻塘、小江塘得、温家塘得、枫叶形塘得、石岗田塘得。这些水塘久而久之成了村中农耕文化中的一个亮点，为种植水稻起着排灌的作用。平时，这些水塘因地势较低而不易干涸，水面上也总是长着野菱苗之类的水漂植物，水中繁殖着许多野生鱼，如鲤鱼、鲢鱼、乌鱼、鲫鱼、翘白、黄鲶、泥鳅、骨鱼仔等。

天旱时，农民会在塘边架起手推的或脚踏的水车来车水；到了稻子成熟或"双抢"时，塘里的鱼已经长大许多，这时，当午饭后的鼓声有力响起后，村里但凡能下水的男女都会纷纷拿出四角网、三角网等捕鱼工具，集中到某个塘中去捕鱼。这种惯例行为被村民们称为"搅塘"。搅塘时，水中的人们各自执网巡游，四处"围剿"，呼声不断。不多久，水中的各种鱼受惊后慌张窜动起来，甚至跃出水面，这时，一些大鱼或被人们从网中捕得，或被捕鱼能手从塘边洞中捕获，引来大伙的阵阵喝彩声，到这时，大家捕鱼的劲头便更大了，鱼塘里充满了紧张和喜悦的气氛！约莫一个多小时后，搅塘大战就会接近尾声。接着不久，村巷里便会飘出农家煎鱼的香味。

七、山地

暇港位于红壤丘陵的田畴之中，四周为农田所邻，南面农田 500 米外便是山地。该村山地面积约 700 亩左右，依位置可分为"三山两岭"。三山，即凤形山、下山、能似能山；两岭，即雷公脑（岭）和铁家脑（岭）。凤形山与下山之间有一处百米宽的坑田，南端挨着能似能山。

据老年人介绍及笔者所见，新中国成立后的 10 多年中，除两岭凸起处有较多石砾外，其他山地均土壤肥厚，终年长满灌木丛和松树。就灌木丛而言，可谓种类繁多，主要有板子柴、蓝莓柴、豆籽柴、黄荆柴、椿树柴、杜鹃柴、枸刺柴、山籽柴、算盘子柴等，还有大量古老的蕨类植物，它们均是自然界进化了无数岁月遗留下来的珍贵物种，彼此依托生存，错落有致地分布在山地上，展示着旺盛的生命力。每当春暖夏初时，映山红花、野刺花、栀子花、泡桐花都先后竞相开放，远远望去，红的一片，白的一片，或黄的一片，绿色的山地显得十分清纯美丽。

在这个时候，山上同时会给人们带来许多美味山珍。特别是初夏时节，山地里生机最旺盛，不仅处处绿色泛起，山花烂漫，而且菌类药材也十分得多。

记得有一次夜雨后的清晨，10 岁左右的我被隔壁的细婆（二公公的老婆）叫醒，她吩咐我跟她一起去凤形山采野菇。我知道生长在山里灌木丛中的部分野菇，如板栗菇等，它们不仅无毒可食，而且味道鲜美，形态也好辨认。到了山地，我们不一会便发现了很多板栗菇，它们都静静地躲在灌木柴下面，好像正在做梦还没有醒来，生气满满的，待伸手将它们轻轻摘下来时，我的心情是那么的惊喜激动！

在采野菇的同时，我也顺便摘了许多正在盛开的野桅子花。那些桅子花的花蕊深处常藏着甜甜的蜜汁。大概是因为饥饿或尝鲜的缘故，我总要拔出花芯来吮吸一下那其中的清香蜜水。那次，我足足采了一大篮子的野菇和桅子花。将返回家时，我心中有着说不出的高兴及感恩山地的感情。深秋时，山地的各种柴枝又总是挂满各种可以利用的小果子，如粟色的板栗，微红的山楂，紫色的蓝莓（俗称粮米饭），青蓝色的柏莲仔果，还有那……

茂密的灌木丛中除了有肥美的草木食材外，还曾生活过许多南方山林惯有的动物。记得在 20 世纪五六十年代，栖息在这里的动物有山兔、蛇、刺猬、穿山甲、旱狗、野猫、狐狸、山鸡、麂仔等，最初时也曾见过老虎及"四不像"（即麋鹿）这样的大型动物。一些小型动物经常被村民用猎具捕杀掉。我的一个堂叔对捕猎野生动物很有兴趣，他经常用自制的猎具捕获野狗、野兔、野猫之类的动物，并将剥下的毛皮挂在墙上让太阳晒着，味道很腥。由于长时间的滥捕滥杀，山上的动物很快失去了踪影。至 20 世纪 70 年代时，山上的动物已难以看见。

记得大约在 20 世纪 70 年代 7 月的一个早上，一只游荡在山林中的"四不像"仓皇经由我村山林朝百丈峰方向逃去。村民发现后，纷纷大声跑去追捕，最后将它逼到百丈峰山下的一条深水沟中打死。抬回村后，人们按"上山打虎见人一股"的习俗，将其肉身与内脏瓜分了。当时村民们都笑着对此谈论纷纷，我内心却充满了对麋鹿的怜悯与无奈。因为这只麋鹿也有自由生存的权利，只不过我们人类太残忍自私罢了！

此外，灌木柴也是我们农村土灶燃料的主要来源。因消耗量较大，山上也多，村里每家每户都会派人（主要是青少年）去山上砍柴。由于青柴需要晒干后才能燃烧，因而当时每户都预先储存了不少叶柴。叶柴被一把把扎好后，常堆成一堆或围成一团，让人看了十分满足。春天花开时，青少年挑回的青柴中，带夹着许多红艳艳的杜鹃花，那花蕾鲜红艳丽的颜色，至今都在我的脑海里有较深的印象。时于今日，山上原来的灌木丛已经难以见到了。

除去灌木丛，凤形山、能似能山及两岭间，还长满了众多的大松树（下山的大松树较少）。据现年 80 岁的胡郁文回忆，刚解放时，这些山上就长满了又高又粗的大松树。约在 20 世纪 50 年代末时，儿时的我经常到山上去收集松毛、松果。这些松树直径一般都在两尺左右，它们撑着云朵般的绿色树荫，披着紫红色的秀美树皮，像一个个相貌不俗的美男子仰望着天空，彼此发出沙沙的声音。在树下灌木丛的烘托下，松树林在自然中为人们展现出诗意般美感，使人心旷神怡。树大则针叶多，枯枝残杆也会不少，这些都常被我们收集起来当作燃料。可惜的是，这些壮硕秀美的大松树，竟然一棵都没有留存到今天。据老人们回忆，自 1958 年办大食堂时起，为方便集体大灶用柴的需要，也为了给村里提供一些公共经费，大松树一棵一棵地被砍倒。约莫 10 年后，松树便稀稀拉拉起来，到 20 世纪 70 年代初期，最后仍留在凤形山北端边缘的大松树，也在与邻村哲山的纠纷中不幸被砍掉。失去了大松树的身影，山地仿佛失去了英雄与灵魂，整个天空变得空旷和低矮起来，也让经历过这种变化的人们感到无比惋惜与无奈。

八、物种

暇港所拥有的自然物，与其他南方乡村类似，主要源于自然馈赠，少部分是在农民影响的后天环境中形成的，有本地特点。

动物物种方面。20 世纪初期，百丈峰山麓尚有老虎、狼、野马、獐、麋、野猪、兔子、穿山甲等，至 20 世纪六七十年代，虎、狼、鹿、野马等动物渐渐难见踪影，后来就连各种蛇也减少了许多，只是在一些人踪罕至的坟地、野林、暗溪边，还有少量的眼镜蛇、眼环蛇、乌梢蛇、泥蛇等，时至今日，这些蛇都已经难见其踪影了。这是农村动物从减少至衰灭的一次历史大转变，这种转变改变了当地长久以来的动物生态状况。

植物物种方面。山野中的木本植物、草本植物的种类与同纬度的乡村情况相似，但也仍有少数品种是其他地方所少见的。一种是薜荔藤，这种植物现在已很难见到，但在20世纪五六十年代，它却是村旁常见的可爱植物。每当炎炎夏日时，有心的人们经常摘来雌性的薜荔果，掏出其籽晒干来做消暑的凉粉。另一种是百丈峰山上的树着果。这种果树不高，像是灌木株，株身大都在1米以内，伞枝形，浓绿叶，其果像一颗颗黑色的小板栗，脐边还常带着紫黑色的须。当这种小果成熟时，其内乌黑如漆，吃起来浓甜浓甜的，似乎常有一种特殊的气味，其汁往往把人们的口腔、牙齿都染黑了。可以肯定，这是一种珍稀的野果，只是它还很少为人们所重视罢了，人们似乎并没有在其他地方发现这种植物。还有一种植物叫山籽，其个体只有一两尺高，夏秋时果实成熟，暗黑发亮。曾听过几位大人讲，它可以用来榨油，叫山籽油，可食。

蔬瓜类物种方面。主要有辣椒、茄子、豆角、南瓜、丝瓜、韭菜、蕹菜、苋菜、茭白、黄瓜、甜瓜、红瓢瓜等品种。这其中，较有特色的优质蔬瓜是带刺的小黄瓜、青白色的莴麻、气味微酸的毛冬瓜、盆形的清香的南瓜、酸甜香浓的厘瓜、清香甜爽的红瓢瓜等品种，给我们小时候留下了十分深刻的印象，至今仍是我乡愁中的重要成分。可惜的是，那时培育的带刺黄瓜、盆形南瓜、小厘瓜、红瓢瓜等品种，经过20世纪80年代之后的几十年，都未能被妥善保留下来。故乡的这些物种的消失，是地方物种特色的一大损失，这与来自市场价格的淘汰、农田大改造密切相关。

第二章 新中国成立前暇港村历史回忆

一、政治概况回忆

（一）暇港村所在乡、保及内部支房、温家遗址等概况

1. 南安乡公所与第三保

新中国成立之前，现在南安乡的大致行政范围在当时亦被称为南安乡。据暇港教师胡永华回忆，那时地方的基层行政机构是乡，乡的政治机构叫乡公所，类似现在的乡政府。乡下面设保，类似现在的行政村。保设保长一人；保下面设甲，有甲长若干人。南安乡的乡公所设在南门村，租用了一间土屋为治所，其中有一个存放粮食的仓库。乡公所与暇港村相距约三里路。那时乡公所内有五名工作人员，包括乡长一人，户籍管理人员一人，经济管理人员一人，警卫一人，文书一人；另有乡丁二人，负责与县政府联系、上传下达等事务。那时，县政府不给乡公所人员发货币工资，但会以若干粮食（稻谷）作为报酬。乡公所人员的吃食，由下面八个保的农户凑来，工资由县政府拨给（即一个月拨给多少稻谷，不是货币）。

南安乡下面设有八个保，暇港村属于三保。三保的范围除暇港村外，还包括邻近的花溪村、彭家塘村、老头村、高边村、符家塘村等。其他保的情况：一保以皂港村为主，二保以漕洲村为主，四保范围是南门哲山等村，五保是黄溪等村，六保是荆兰等村，七保、八保在荆兰的东面，包括朱家、杨家、江背李家、易家等村。

三保的保长曾是暇港村的财主胡满章。胡永华认为，在那个年代，老实人是不会去当保长的，保长的工作是无偿的，捞不到多少油水，吃些冤枉的情况也还是有的。保长的主要职责就是要求老百姓凑（筹集）保甲经费。在胡满章当保长之前，暇港村胡建安的父亲胡仁贞、胡亚章的父亲胡超群，也曾都当过保长。甲长由村保长指定的村民担任。甲长一般很少管事。

2. 村中三支派、三房厅、祠堂与两大派理事"头人"

当时，暇港村里的公共事务的处理，主要是由村里三支房分成的两大派的各自"头人"来承担。关于三支房的来历，相传是暇港村先祖曾有过四个儿子，家谱上分别称为胜才公、胜德公、胜爵公、叙基公。其后代按公算应有四个房派，实际上在暇港村沿袭下来的只有三个房派。

老大胜才公，其后代住在老头村。

老二胜德公，其后代形成下房，住在暇港村的东侧，部分人生活在东洲村、率田村。村里的下房现居有爱顺、福顺、赓顺、同顺、国顺等前辈的后裔。其中爱顺生时成、郁文，福顺生财成，赓顺生道成，同顺生生成，国顺生赣生、自成。

老三胜爵公，其后代形成中房，一部分子孙从雷公厅走出远去新干县创村立业，现有"十兄弟""五兄弟""三兄弟"等后裔。

一农家生"十兄弟"，这是当地人口延续中的一个奇迹。传说当时房屋条件简陋，夜间十兄弟睡觉时常打地铺，有时天黑吃罢晚饭不久，父母在地铺上摸到十个孩子的头后便关门睡觉。十兄弟中有五人留下了后代：老大生绣贞，绣贞生近安；老四后代中，明贞生生安，财贞生恒安、文安、堂安、仕安，仁贞生建安，堂贞生两女；老六生怡贞、顺贞，怡贞生万安、招安，顺贞生能安；老八生奉贞、恒贞、生贞，奉贞生自强，恒贞生细个、细女，生贞生星福；老九生富贞、来贞，富贞生水保等，来贞生美安、梅生、海金。十兄弟居于村前偏南，住地扩张到前面农田里，故又叫"前房"或"田得得"。

"五兄弟"中，老大启贞生福安，老二作贞生法安、寿安、华安、禄安，老三求贞生富安、隆安、群安，老四根贞生善安，老五德贞生财安、桂安。

"三兄弟"中，老大钦安生美良，老二奉安生初良、吉良，老三顺安生阶良、户良。同时，还有族兄房桢、华桢兄弟分别生道安、明安（运根仔），和贞生享安。他们居于大厅下后面及村偏东区等。需要说明的是，居于大厅下隔壁的胡凤祥、胡意祥、胡志祥三兄弟，祖父是中房人，迁住老头村，后来儿子胡九茂被卖到暇港，娶妻成家生胡凤祥三兄弟。因而这三兄弟也是中房名分。

老四叙基公，其后代形成上房，住在村的后半部分。上房家族中有多个小支，其中有五大家（五兄弟形成），是上房中的一个支，包括胡仁章（胡生本父）、胡满章、胡东章、胡尧章、胡舜章、胡禹章等家；此外，还有胡春华、胡永华、胡群华的一个支（俗称"老厅下"）；胡福华、胡文华（禄堂父）的一个支；胡顺章、胡孙华、胡印华、胡柏华等人的一个支；胡永章（向本、辉本父）、胡启章（咪子父）、胡贡章、胡瑞章四兄弟一个支，胡各本等人的一个支等。此外，一些人还分居在东洲村、率田村等地。

　　暇港村这三支派后裔，分支结构比较多，历来比较团结、包容、和睦，共以文峰公先祖为念为荣、重视维护血脉中的亲情大义。

　　暇港村文峰公及其他后裔共同享有一个大祠堂，这就是村前历史悠久的"大厅下"。同时，村里三支房还各有自己的房厅。其中，上房的房厅称"上房厅"；中房的房厅称"雷公厅"，下房的房厅称"下房厅"（习惯叫"房厅下"）。在长期的政治生活中，村中三个支房形成了比较松散而又有密切联系的两个大派，即，中、下两个支房为一大派，上房独为一大派。在平时生活中，每大派都会推出四位"头人"来负责处理各自的公共事务，即房派政治事务处理，有明显的独立性。胡仕华回忆道："新中国成立前，是一房归一房，各搞各的，新中国成立后才整个村庄集到一起来了。"

　　每大派的四位"头人"是按"烟"（户）轮流派出的成年男人来担当的，且每年轮换一次。保长一般不会去管"头人"的事。据多位老人反映，"头人"在本房派政治中起的作用很重要，"头人"需要处理的具体事务有商量每年的祭祖活动（在大厅下祠堂中进行）；过年为房厅贴春联；上山砍来一只松树放在众厅，为除夕守岁烧火做准备；组织守岁、打鼓迎新年；接待来访的老华（同族的外村人）；在阴历12月24日早晨将祠堂中的菩萨轮流接到本房的房厅中去；安置好村东边庵里的观音娘娘，每逢阴历2月19日、6月19日、9月19日，负责买肉装灯放爆竹，对观音娘娘进行节日祭拜祈求保护村民平安；等等。办这些公事需要的经费，一般用村里卖树的钱、公田收益来开支；贴红纸的钱有时由"头人"们自己凑出，不需要一般村民出钱。

　　必须要解释的是，这里提及的"公田"是指各房中甚至一些兄弟的先祖留下用来支付公共费用的田地。这些田地的收入平时不属于某一家庭所有，而是由一房人或几兄弟的家庭来共同支配使用。例如，上房曾有一位前辈比较有能力，在符家塘村东边坑里买了近二十亩公田，供他人租种，每年夏收时，他们的"头人"都要去符家塘村收一回租谷，并且约定在承租人那里吃一餐或两餐饭，然后挑租谷返回，并把这些租谷卖出去，用卖租谷的钱来支付上房家族的公共开支。上房胡孙华、胡印华、胡柏华与胡春华、胡永华、胡群华这两个小支的某个公，曾遗留下四亩公田。平时，这四亩公田会租给他人种，这样每年都能收到一些租谷。每年清明、冬至祭拜祖先时，两小支的人就用这些租谷的钱来共吃一餐饭。

3. 温家遗址

在暇港村北约 200 百米处，农田改造前有一处村庄遗址。该遗址原约有房屋一二十间，倒塌后久经风吹雨淋，留下许多沙石墙脚、残垣断壁及砖头瓦砾，一些房屋的平面结构仍然清晰可辨。此处即笔者小时候就听说过的"温家遗址"。"温家"遗址正南前面，有一口较大较深的水塘，名叫"温家塘"。

从未见过"温家"原貌的人们，自然都不知道温家的底细。据胡永华记忆与解释："温家"遗址原有的房屋是暇港村一些上房人住过的地方，暇港村的胡舜章（胡冬本、胡怡本父）及胡永章、胡启章（咪子、圆子的父亲）、胡贡章（胡反根、胡破仔的父亲）、胡瑞章四兄弟，还有胡全章他们，都是以前从温家搬到暇港来的，其中胡永章的两个儿子（胡向本、胡辉本）土改（土地改革，简称"土改"）后又搬到梧岗刘家落户了。胡辉本的儿子根仔矮古（他儿子后来去了新余），原住在胡国顺土屋里。因而"温家"被遗弃的时间不会很久，属"章"字辈的人应经历过这其中的变故。而"温家"建村的时间为何时，则一时难以考证。

（二）暇港财主的面貌及故事

据胡仕华、胡永华、胡仕堂等人回忆，解放前，暇港村的田地还比较多，面积有八九百亩，农户们分别拥有几亩、十几亩、几十亩田地不等。拥有田地最多的是上房大财主胡满章，此外，占田地或财产相对较多的还有胡桂本、胡国顺、胡奉祥等人。

胡桂本拥有田地四十五亩。据胡永华回忆，他父亲胡金本在世时，家里只有几亩田地，像是贫农一样的家境，他三岁时父亲去世，后来母亲就把他过继给桂本做继子（桂本夫妻无子嗣）。伯父桂本家里拥有一栋较宽大的土屋，一年打谷将近一百担。他家里请过长工，如胡运根（道安堂兄）、胡禄堂等村民就被雇过。当时雇长工有雇期一年的，也有雇期半年或三天来一次的。雇一年的，给雇工的报酬是二十四担谷（那时雇工报酬一般不讲付钱而讲给谷），做事、吃饭与东家在一块，没有刻意分开。

胡国顺在家中排行第四，人称他"老四"，有一定的文化，为人比较和气老实。他在本村拥有一定的田地，在外村也有一些庄田，算是田产比较多的农户。他凭积蓄在村东建了一栋较为清爽的土屋，面积虽然不算大，但结构简明精致，全部用青砖砌就，屋前还建了一个用青砖做围墙的院子，可种植花草及做文体活动。

胡奉祥拥有的田地并不多，家中只有两间邻近众厅、空间狭小的土砖排线屋，只是经济上比较阔绰，放了不少账。

暇港村里土地最多、财富最多的农户，当是胡满章。他家有水田一二百亩，同时还在高边、老头、北门口、刘家等村拥有庄田（庄田是地主在他村所购置的田地）与水塘；拥有一栋半土屋，其中一栋土屋是他经手建的。据胡仕华回忆，胡满章只娶过一个妻子，曾生过多个儿子，但只养活了一个（胡承业）。平时家里雇有一个负责做饭的“仁义老子”，另雇有长工负责农活。胡满章盘剥他人的方式，一是收田租，二是放债，三是收赌博活动的佣金。作为财主，胡满章虽不亲手务农，但家里所收的租谷，哪一年都有几万斤。但是他收下的租谷大都会派人送到上级政府去，家里没有存放多少。他收租的标准是一亩地要交 100 斤到 120 斤租谷，一旦双方约定了要交多少租谷，便不再改变，租方赚钱或赔钱都不关他的事。

除了收租，他还要吃“东侯”。吃“东侯”，即农民除了交田租之外，还要向地主提供一些吃拿利益。例如，村民胡熙本、胡厚本在北门口村租了胡满章的田种，那里有鱼塘，捕鱼时抽水的水车是胡满章的，故而捕鱼的时候，胡满章会差族人过去参与，到时捕鱼者要给他带一份鱼回来，这一份鱼就是“东侯”之利。高边村有几个东家（即佃户）租了他二十多亩庄田耕种，刚开始就约定好地主要来吃几次酒席；至于何时做酒席，今天做还是明天做，也要由满章来确定。每次佃户东家搞好饭菜接近中午时，胡满章便骑着一匹黄马来了。因而，这种吃“东侯”的更深一层的意思是：佃户租了地主的田地，表示看得起地的主人，应通过约定吃酒，进一步把双方关系搞好搞稳定。这实质上就是佃户要讨好地主。当然，有时佃户也会借机要求减免一些租谷。待早禾熟了的时候，佃户又会及时做一次东侯酒，通知满章前去吃，满章吃过饭后骑马回来时，会顺便带一些新谷。

胡仕华认为，由于做东侯酒的人是租田者，做酒的目的在于联络一下双方感情，希望交租谷可以公道一些，在吃酒的热闹中地主也可能会让一些租。但胡满章天生不会喝酒，怎么办？他会带一只大碗去，由东家给他夹些鸡呀、肝呀、胗呀、蛋呀的放进去，一大碗，吃完后他就走了。作为他族人的胡仕华还回忆说：“走时，他还吩咐我们：‘你们几个伢仔（青年后生）要挑些谷回来。最后，我们几个伢仔都挑回了谷倒在他的家里。”作为见证者，他严肃强调：交租谷是要兑现的，东侯酒吃得气氛好，这时让不让些租谷，还得由地主来决定。当时，一亩稻田种得较好时，能收300斤谷左右，差一点的田地打不到300斤谷，天旱水涝不能怪地主，只能怪佃户的运气。实在交不出租时，胡满章也会让一点租，以使佃户能够生活下去。在吃东侯的事上，笔者还曾听过这样一个故事：村里一位地主要去外村吃东侯酒，由于对方没有猪肉，这位地主便代对方带了一块肉提去，以免吃饭时无荤菜。当然，这肉钱是要由佃户东家来出的。可见这位地主对吃东侯酒是有一定要求的。据胡永华回忆，夏收后收谷取账时，为办事顺利些，地主常会带上一些打流的懒人（类似爪牙）去，这些人常落脚他的家里。

胡仕华回忆道："那时不但少衣着，就连一块旧布都难找到，穷人穿衣穿得很差，但富人一般都穿得较好。如胡满章，他从不会穿农家织的春布衣，他买了两套衣服，布质都不进水，有些脏在水里洗洗就可以干净。那时外村有些麻烦的事，会请有威望、有能力的中间人去处理，即所谓的'中人'。胡满章就经常被请去做'中人'。要他去当中人时，他就穿上那套高级的衣服，骑着自家养的一匹黄色的马去。当时，他有好几个名字，如老满、满章、满章猴仔。为什么叫他'满章猴仔'呢？因为他是个难以交往的人，就像猴子一样难以让人亲近。不过，他也有较随便的地方，对大人、小孩均一样，不会官对官兵对兵，你说'把点米借给我么'，他会说'好喔，去我家里拿'。到割禾时，他常会用马一次搭几十斤或百把斤米到二十里外的黄土岗去卖高价。因为，当时人们喜欢吃新米。"

胡满章在出外进行交易时，扒手一般扒不到或者不会扒他的钱。因为他和当地扒手头目关系很好。据胡仕华回忆，有一次，胡满章到姚圩赶集，万全年家村扒手头目的徒弟扒了他的钱。他在街上遇见扒手头目，下意识喊了其名字，问扒手头目："你怎么不讲一讲（阻止一下），把我的钱也拿了去（扒走）？"那扒手头怔目站住，回头问："拿了你多少钱啰？"并上前和胡满章核对了一番，最终把钱拿了回来。"为什么胡满章的钱扒手拿不得呢？因为他是南安乡有名的人，在姚圩社会上也是个头面人物，所以扒手头目也要和他关系好嘛！"

胡满章作为村里的大财主，同时他家也是村里赌博活动的主要场所。当时，暇港村有几个赌钱的场所，但主要的场所是满章家。满章本人并不赌博，但他老婆喜欢赌博。胡满章对老婆比较娇惯，许多事言听计从，由她说了就是。到他家参与赌博的人，常常会赌到次日天亮，反正当时也没有谁会去管这种事。胡仕堂回忆道："那时村里赌钱打牌现象普遍，满章家360天，日夜不歇人。人们之所以喜欢去那里赌博，有一个重要的诱因，就是到那里可以经常吃到主人家的一些点心，比如过年用的糖片、花生、红薯片、豆子等，但酒不会给吃。有一次，来玩的胡财安疲倦了，就躺在他家厅中的一张有毯子的摇椅上睡。另外，天冷时，满章家会给赌博客提供木炭烤火。由于这样，想走运气的赌博鬼自然愿去那里碰碰运气，打牌到深夜时，旁观的闲人要回去了，便会去拿一点草纸搓成条，用它伸到旁边的油缸里蘸点油，点着光来照路回家。"

胡永华回忆道："村民在胡满章家赌博的主要方式是打纸牌仔。这和现在的打麻将差不多。赌博现场一般有三种人，即放债人、庄家和赌客。四人一伙是打纸牌（即"川牌"，发源于四川的一种长条状的纸牌游戏，玩法与麻将类似，但比麻将更加变化多样）。庄家组织参赌人抽钱，抽赢了的人的钱，要抽百分之几的钱给庄家。这种情况在那时叫"四人打牌"五把刀（加上庄家这把刀，有五个要钱的，庄家办赌局需要花钱买油、照明灯等）。哪个人赌输了，就会要他去别人家买鸡或买鸭来吃，这叫"吃牌"。

除了打牌的，还有用"骰子"（色子）来赌钱的。该方式是庄家把几只骰子放在一个盒子里，每只骰子的四方形面分别是一点、二点、三点、四点。除庄家外，还有一个操手，其他人去押宝，土话叫"摘宝"，押的对象是四象：左青龙、右白虎、三龟家、一出门。在赌博中，尽管现场没有保安打手，但赌徒不敢打赖。这种赌博活动，只有那些好逸恶劳者才会参加，年少的、年老的人都不会参加。参与赌博的人，往往会倾家荡产，下场很惨。

二、经济生活状况回忆

经济生活与自然条件、社会环境、土地占有、耕作状况、民风等因素密切相关。

如前文所诉，用江南乡村的眼光来看，暇港村拥有的山、水、土等，自然条件比较优越。但较好的自然条件，并不能在社会经济生活中起决定作用，它只是影响经济生活状况的一个外部条件，还需要通过一定的社会条件来转换其作用。这里所说的社会条件，包括土地占有、人为耕作、民风习惯等。

新中国成立前，由于政治腐败，民风多弊，社会混乱，其情况正如胡永华回忆中所说的那样："那时的暇港，村庄环境及民生情况都不好。"胡仕华也回忆道："那时国民党乱搞，社会风气很乱，大多数人过得不好。"

为什么大多数人会过得不好？为什么民生情况会不好？这有怎样的因果关联？

首先，暇港村和其他农村相似的是，村里的土地占有分化严重。据几位老人回忆，当时村里土地多的人家，有的人有三十亩、四五十亩的土地，个别财主拥有的土地达到一二百亩；一般人家只有较少的土地，如胡春华、胡群华等家庭，都只有五六亩地，胡禄堂的父亲胡文华，他家中只有一斤半田（即四分之三亩土地，那时两斤田为一亩田）；个别人家甚至没有田地，如做雇工的胡求本，长年靠打工为生，家无寸土。那时，村外的荒地还是有不少的，特别是西边靠小江边一带及与东洲村、皂港村邻界的一带，荒地较多，但其中有不少田是有主人的二次荒地，他人不可以再去开荒。由于这样，一方面村里的可耕土地不足；另一方面，土地占有分化严重，而且，那时的稻子产量也相当低。胡永华记得，离村远些的许多地方的农田不肥沃，腐质土少，人走在水田里会溜脚，耘禾时，除草的铁滚子很难把铁齿扎进泥土里把水搅浑。加上那时地里很少施肥，"人不富地皮，地不富肚皮"，所以稻谷亩产很低，一般不到200斤，村边一些耕作多年的优质稻田，亩产量也只有不到400斤。由于当时水稻只种一季早稻及大禾（一季晚稻），稻谷的产量很有限，为补充粮食的不足，村民们普遍会在较有肥力的秧田里续种一些红薯、大豆、荞麦之类的杂粮。

经济受土地占有情况及肥力的制约，同时受农民的耕种态度与生活风气的影响。当时，暇港村长期存在赌博现象，好逸恶劳的的村民不少，真正想种田、懂种田的人并不多。面对村民中的这种务农态度与风尚，村里的几位"头人"也不会管这种事。胡仕华回忆道："那时的社会没有组织纪律性，有些人愿种田就种田，不愿种田就荒田去赌博。我们上房这些人家中，只有生本（胡仕华父亲）、冬本、风章等三家种田较多，是用心种田的人家，其他许多人都喜欢赌钱打牌，不愿种田，那时靠小江那边许多荒田里都长出柴（灌木）来了。"

他还讲了一个例子：禄堂父亲胡文华，原来在符家塘东头坑里耕种过本房（上房）在那里的十多亩公田，是一个佃农，他后来变懒了，在村里只种了一斤半田，有时挑点肥料去田里，他也只愿站在田埂上抛一抛，不愿下田动手均匀施肥。有的人家由于缺土地，种田又不善于动脑筋和不勤快，常常有一餐没一餐地过日子。哲山村人、原姚圩区区长胡金根回忆道："当时由于社会风气不好，人心乱，皂港村曾有人去洞岭村那边的岭路上当过强盗，暇港村也有个别人去山里的小村庄强行索要过人家的东西。"

据胡仕堂回忆，他小的时候自己家只有几亩地，日子过得很苦，他曾跟落难在众厅里的一个老婆子去要过饭。去哲山讨饭时，一般是去经济条件较好的人家。态度好的人家会拿盏仔舀给讨饭的人一盏仔饭，小气的人家会把大拇指挤在盏仔中舀给讨饭的人一盏仔饭。那时的盏仔直径约莫两寸。讨饭时不讨菜，把饭倒在一个竹管里拿回家来吃。过年时，胡仕堂曾和同伴胡有本、胡耐根一起到哲山村、老头村给人家送过对联（实际是借送对联讨赏钱），对联上写着：新源新来新发财，不是新年我不来。到时还说一句"恭喜发财"。有钱人家看到对联后，就会抛给他们几个铜钱，然后，他们又去别的人家送对联。

1. 吃的方面

据胡仕华回忆，那时勤快的人家饭是吃得起饭的，主要是吃大米饭。那时荤油少，一餐要吃几碗饭，有时也吃红薯、杂粮。在吃菜方面，农家一般只有一个碗（即一个菜）或两个碗（即两个菜），而且一个碗的情况占多数。菜品都是当季的蔬菜，如辣椒、豆角、丝瓜、苋菜、白菜、青菜、茄子、韭菜、南瓜等，冬天缺菜时，也会买点豆腐吃，有技术的人会去捉些鱼来吃。

据胡仕堂回忆，那时一般农户都养了十至二十只不等的鸡或鸭（因常发鸡瘟，难以多养），也都养了一只猪或两只猪。猪都不怎么关在猪栏里，天天游荡在外面吃野食。那时猪都是土猪，体型不很大，生长周期较长，到过年时才杀，也会做点腊肉。平时，一般农家很少能吃到肉，只有到了过年过节时或夏收时才会买点肉吃。在夏收季节，由于需要消耗大量体力，又是收割时节，一般农家都会称回一些肉来吃，缺钱的人家也会约定以新稻谷来付肉账，如一担谷折合买多少斤肉，到时打下新谷后还给东家，这叫"吃新谷肉"。不缺钱的人家就直接付钱买肉，有钱的人家也会经常买肉吃。当时，村里一些有兴趣的年轻人会结伙去学唱戏赚钱，或者去学打拳、学杀猪，他们也是想借机吃上一些好的东西。

据胡仕华回忆，过年时，有钱的人家在吃的方面，肉呀、鸡呀、鱼呀等都会有，点心如豆子、花生、红薯片、各种蘸糖片、荸荠等都会有，但一般较穷的农户家就只有两三斤肉，一两只鸡，还有少量的面条，点心也有些，但比较少。当时过年杀猪时，重150斤的猪就算大的了，主要是卖给邻边村户，用盐腌肉的比较少。有的人家穷得长期欠账，户主只得躲账到大年三十晚上才敢回家过年。

2. 穿的方面

据胡仕华回忆，经济条件好的人家，穿得还不错，但也谈不上穿得很好。少数财主家里较有钱，会穿得比较时尚，如胡满章家人的穿着就是这样。那时也有卖布的，但只有少数人才买得起，多数人是买不起的，如快新中国成立时开始出现的卡其布，这种布很厚很结实，可一般人买不起。为了解决穿衣问题，胡仕华常常跑到20里外的泗溪街上去兑布、兑棉花或卖布赚钱，通常夜里出发，走到黄溪村才天亮。那时，一般人家做衣服的布，有的是春布（妇女用白纱线和蓝纱线织成的），有的是带茄花色的冻里布（用白莲子兜煮水染成的布）。由于布料不足，又鲜有人买得起，一些村民很少有换洗的衣服。不少人议论说胡财成的母亲一生时（一辈子），不论寒暑，除一件烂内衣，就只穿着那件茄花点图案的暗蓝色棉衣，走近她时会闻到一股不爽的味道。当时村民衣着缺少，与少种棉花的习惯有一定关联，再加上纺纱织布需要妇女勤快，还要懂技术，买布又不易。综合起来，少衣难免是常态。

3. 居住方面

由于具体经济实力不同，村民的居住条件因家而异。其中住在土屋的有七家。这七家都是土地比较多的人家。居住在土屋，显得比较阔绰，土屋里面生活设施较齐全，夏不热冬不寒，这样的人家在社会上比较有脸面。七家之外，其余人家因经济力量不许可，多数住在排线屋里，而且大多数人家里也只有一间长方形排线屋。当然，同样是排线屋，有的排线屋内较宽敞，前墙、直墙使用青砖较多，显得较高档。例如胡法安家、胡意祥家、胡财安家等的排线屋便是如此。排线屋的住宅体制一直延续到新中国成立后较长的一段时间。当时，能拥有两间或一间半排线屋的农户，则算是经济条件较好的人家。例如位于我家上一排的胡顺贞家，就拥有两间功能一体的排线屋。一间屋是住室与厅堂，另一间屋是厨房与牛栏及父亲住处，结构完整而且显得较宽松。当然，事物总是复杂多样的，也有在当时有着一定社会地位的人，其住房并不算宽绰，甚至显得很拥挤。例如，后来被评为地主的胡奉祥（其儿子是胡国平），其住宅只有两小间长度较短的土砖排线屋，当过伪乡长的胡志祥只有一间较好的排线屋。

4. 用的方面

①运输之用：多数农户都会添置一辆木制单轮的土车子，也有部分人家添置不起，需要经常向亲邻短期借用。②斗衡之用：大多数农家都会添置用来量米的斗，即称谷的称（大称则一般人家都不用或不常用）。③生产之用：包

括耕田犁、铲耙、拖耙、割耙、滚子、锄头、耙齿、谷筐、米筛、风车、打禾桶、打禾架、晒垫、石磨、垄等，其中风车也不是每户能添置的。④生活家具之用：包括床、饭桌、坐椅、放衣物的橱、放碗的柜、木盆、饭桶、水缸、尿桶、铁锅等。这些农家用具，较富裕的农户一般都具备，但多数家庭只是基本具备或不够齐全，不少家庭（穷户、新户）往往缺这少那，个别家庭大多数不具备，如犁、拖耙、风车、垄、磨、打禾桶等用具，常是几家共用或相互借用。

图 2-1 ～图 2-8 分别为风车、谷筐（角老）、饭篮、斗、烘笼、火桶、供孩子坐的坐栏、供孩子站立的立栏。

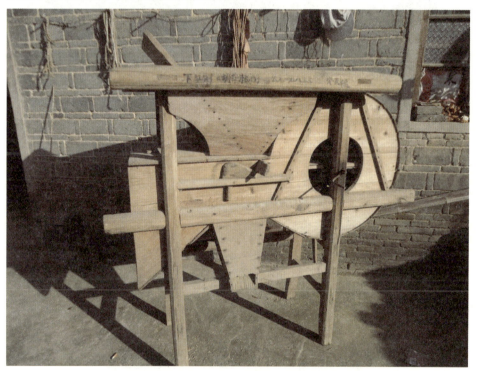

图 2-1　风车

图 2-2 谷筐（角老）

图 2-3 饭篮

图 2-4 斗

图 2-5 烘笼

图 2-6　火桶

图 2-7　供孩子坐的坐栏

图 2-8　供孩子站立的立栏

三、妇女婚姻状况回忆

妇女的婚姻涉及夫妻关系。新中国成立前，在多数情况下，未婚男女双方结婚前不见面，不看人，两人是否合适，完全由父母做主。父母想为长大了的子女办婚事，都会先拿子女的生辰八字去给算八字的先生算。如果某一男子想娶某个女子，要先将女方的庚榜拿去男方家，算一算女子的八字（不算八字不放心），然后，放置一段时间（两个月或半年甚至更久的时间）。这段时间没有出什么问题，说明八字还可以，就同意娶该女子；如出了问题，则可以不娶该女子。据胡仕华回忆，当时娶亲重视看女子的八字，不看财富地位。这其中，介绍人的作用也很重要，如女方写了庚榜拿给男方家，经算八字，由介绍人去谈，介绍人看到男方长得较好，心中就有把握将介绍来兑现。胡永华更具体地回忆到，那时庚榜就是订婚的契约。男方家看中了某村的一个女孩，经媒人撮合双方同意，女方就将写着女孩"姓名、出生年月"的庚榜发至男方家，作为订婚凭证，同时谈好结婚时男方要给女方礼金、肉、面等。待男女到了约定年龄，男方就先兑现给女方的礼金，并将肉、面挑去女方家，以便及时举行婚礼。

　　女方家的庚榜是很重要的。女方家发去庚榜时，男方要拿一些钱去接，这叫作"压榜"，表示认同与重视。一般多是上半年过礼（钱、肉、面），下半年娶亲。如果双方的约定到结婚时没有兑现，媒人就会受女方家或其家族人的气。所以有人说，这个事做得好是媒人，做得不好就是麻烦。胡永华举了一个实例：胡永华的父亲有三兄弟，老大老二老三分别是增本、桂本、金本。增本的儿子胡吉华娶老婆，是自己伯父桂本和春华共同做的媒人。女方是邻村花溪人，女方家发来"庚榜"时，男女双方讲好了礼金和肉面各多少，但临到结婚时，男方却没有按约定兑现礼金和肉面。这样，当自己代替伯父桂本去花溪村那边吃酒时，花溪那边女方家众人的情绪很不满，声称要将他绑起来，把十八岁的永华吓坏了，至今心有余悸！

　　男方要娶妻，预备婚床是件大事。当时的婚床体式大，构件多，稳固、庄重、吉祥，做这种婚床木工师傅需要有精湛的手艺和较长的工期。完工时，还要赋予一定的祈愿仪式——旺床。亲身参加过旺床仪式的胡郁文老师回忆道：村里胡阶良订了婚，父亲决定为他制作一张传统婚床。婚床做好时，比较讲究的东家与木匠还会举行"旺床"的仪式。"旺床"仪式在晚饭后举行，介时，东家会请四个五六岁的男孩来家里，让他们每人端一碗米圆子，各自坐在新床的一角。这时，木匠开始高声喝起彩来，旁边有人应彩，祝愿未来结婚居床的夫妻早生多生贵子。"旺床"仪式约莫在10余分钟后结束，之后木匠会将制好的婚床正式交接给东家。

　　结婚的财物按计划备好之后，便开始举办婚礼。男女结婚举办婚礼，一般要办三日，吃六餐。第一日，男方陪媒人吃一餐正席（正席，即酒菜比较丰盛的餐宴），女方陪舅舅吃一餐正席。第二日，早上吃过一餐便饭后，男方上午派人起轿去女方家，同时象征性地将肉、鸡、面各几斤放在轿中带去（原商定的大部分肉与面早已送达女方家）。同日，轿暂时放在女方家，抬轿的人要返回。这一天，男方家要开三餐。第三日，抬轿的人在男方家吃完早饭后，去女方家将新媳妇抬回男方家，完成了抬轿接新人的美差后，吃过中餐后便散去了。同日，女方家则只办早餐，女儿坐轿嫁走后，客人也就各自回去了。胡永华回忆说，他是1950年结的婚，结婚仪式仍是这些老规矩、老习惯。他还说，在新中国成立前，妇女的社会地位比较低，暇港这里也一样。那时，男人娶了女人后，如没有生儿育女，男方可以娶第二个甚至第三个老婆。当然，穷人家难以这样，有钱有势的人家则能够做到。例如邻边东洛村的符蔼修，他娶了第一任妻子后，未有生育，于是又继续娶了妻子的妹妹为二房。

新中国成立前，男女结婚由媒人和父母操办，这种操办婚姻是为社会所公认的。结婚后，女方在婚姻中没有政治权利，完全受男方支配，男方娶妻后若不满意则可以休妻，也可以私自将妻子通过第三者转嫁到外面去。

例如，村里中房的胡禄安，年轻时娶了一位名叫"余家女仔"的女人做老婆，婚后还生了一个孩子，但孩子不久后不幸夭折。胡禄安为人好逸恶劳，没有积累多少家业，却经常参与赌博，输了不少钱，故有人给他起了一个"禄安败子"的外号。胡禄安好赌，习性难改，使得妻子十分担心和不满，时常和禄安拌嘴，胡禄安常不惜动手，把余家女仔打得半死。有一次，胡禄安又溜去赌场，并与参赌的女人拥坐在一起，对丈夫有监视意识的余家女仔转悠时发现丈夫如此不争气，顿时指着丈夫怒骂："死了面皮，死了血！生了崽叫别人爸爸……"胡禄安见骂得凶，也怒而动起手来，直把余家女仔打得躺在地上动弹不得。由于余家女仔生性泼辣，嘴巴不软，不惜揭丑，有一次竟被丈夫打得赤脚躺在井台边。

胡禄安长期劣性不改，妻子难服，两人吵闹不已。这样，胡禄安感到妻子不好相处，于是在哥哥胡寿安的首肯下，私下决定将妻子卖到易家村的一户人家去。当时，胡禄安身边的许多人都知道这事，只是"余家女仔"独自不知情。卖妻子的那一天傍晚，邻村南门村正好在唱戏，易家派人抬着轿悄悄在暇港村东路口碾房边停下，前来帮忙的胡禄安哥哥胡寿安来到弟弟家，对弟妻说："余家女仔，你来，我有一个事来说给你听……"蒙在鼓里的余家女仔当时还是赤脚拖着一双鞋子，真以为大哥有什么事要告知她，就毫无戒备地跟着胡寿安走出了家门。没有想到被带到村庄东路口碾房边时，转眼看到那边停着一顶轿，她才猛然意识到自己被丈夫卖给了别人，大叫一声"哎呀"，旋即被对方的人拖入轿中。就这样，她无奈何地被抬回易家成亲去了。

在那个时代，农村里妻子被丈夫转卖给他人的事，政府是不管的，所以女方打官司也没有用，也没有官司可打。这就是妇女无政治权利的表现。当然，在家庭内部，妇女在家庭事务上说话还是有用的，也有办事权。那时村庄间因大小势力不同，一向是大村庄的人压迫小村庄（大屋压小屋）的人，所以，如果小村庄的男人想转嫁出身大村庄的妻子，就会受到大村庄娘家人的压力而难以办成。一些小村庄的赌博鬼输了钱，想把来自大村庄的妻子转嫁抵债，消息若传出，也会受到大村庄的干涉。这种以大压小现象在当时比较常见。

在男人娶媳妇的仪式方面，暇港村各支房之间大致相同，但上房人似乎更讲规矩和细节，内容也更丰富，而且一直坚持未变。据上房长者胡永华、胡仕华回忆，上房男人娶亲不进村里的大祠堂，只进自己这一房的房厅。其程序是：结婚的时候，男方派人打轿，请吹唢呐的人伴同到女方家，待在女方家吃了午饭后开始发轿，由新娘哥哥或堂哥背妹妹上轿，然后由四人抬轿赶往男方家。轿抬到男方村庄的房厅门口时，接轿的男方等候者赶紧燃放爆竹，同时有人喝彩，还有人提起一只被剪破冠头出血的公鸡，上下舞动表示真诚致意。接着，花轿被抬进下厅，经过下厅停放在中厅。

这时，中厅早有试面婆、试面公夫妇（关系和睦且较年长的未离异过的夫妇）在等候，试面公手里还提着一个里面装着一盏灯的木桶，边上有两个小孩各执一根燃着的花烛。花轿停稳后，试面婆笑着前去揭开轿帘，用手轻轻牵出新娘。此时，待在厅堂看结婚热闹的孩子们会喊叫起来："看新人啰！看新人啰！"见状，东家会将准备好的糖果饼干撒给大家。这时，唢呐在响着，众人在欣赏着，厅堂里一片喜庆气氛。在众人注目下，试面婆再牵着盖着红盖头布的新娘开始走向新郎家，其后跟着两个端着红烛的小孩及提着木桶灯的试面公，再后面是吹唢呐者及新娘家送嫁的一行人。

到了新郎家婚房，两个孩子将端来的红烛分别放在结婚床的两头，试面婆招呼新娘坐在新婚床前，接着由新郎走近，揭下新娘头上的红盖布，至此新婚男女第一次见面。然后，夫妻一起来到家中祖宗牌位的神龛前，跪拜祖宗，再跪拜新郎父母（高堂）。至此，结婚仪式算是结束，新郎便又去招呼各位贺婚客人吃酒吃饭。

四、教育状况回忆

新中国成立之前，暇港村受过教育的孩子很少。暇港村在20世纪20年代左右出生的人中，只有财主胡满章的儿子胡承业（1925年生）念到了县高中毕业；财主胡金本的继子胡永华、中农家庭孩子胡自强升入县初中学习。此外，胡仕华、胡国平、胡美良都只念到姚圩小学毕业，其他孩子如胡冬本、胡禄安、胡华安、胡来贞、胡生贞等都只在村里私塾受过教育。

私塾是我国民间家庭自聘先生教孩子的一种初级教育形式。其运转方式比较切实灵活，开设的学习班级不等，学习层次相当于小学一、二、三、四年级的课程。暇港村的私塾，是由学生家长集体凑钱付工钱、各家分别陪请吃饭形成的，属于家长合伙聘请老师教书的那类教育。它没有上级行政拨款，也不需要上级审查，外村的人凑钱，小孩也可以来上学，故而曾有邻村花溪、老头、彭家塘等地的小孩来学习过。村私塾的地点搬过几个地方，如村里的大厅下（祠堂）的上厅处、胡国顺土屋中、村东大庵房等处。

据胡仕华回忆，当时村私塾学校里开设了几个班，分一、二、三等几个年级，有几十个至上百个学生；任课教师通常不止一个，有时有两三个，如教过他的老师，就有主持私塾的胡建忠老师，有来自槎源村的肖太秀老师，有来自东洲村的胡蒙田老师。这些老师的文化程度一般都是小学毕业。聘请教师的机制，一般是先聘学校的主持人，如胡建忠，先当了一段时间的主持人，然后再由主持人根据优选的原则去延聘其他老师，用本地的话来说，就是"哪个好就请哪个当老师"。

据胡永华回忆，他入私塾时，请的教师是老头村人胡建忠。他的学历是小学毕业，主要是教语文、数学、唱歌等课程，课余时间还教孩子们在老四土屋的院子里踢过足球，当时没有什么设施，就让一个孩子坐到那里当球门。当时，私塾用的教材是买来的国编课本，他教语文不是读古典，也没有读《三字经》与其他的什么"经"，而是国民党改革的教材，是白话体，考试时不考八股文，也不考古文。私塾里也分一、二、三年级，三年一轮，中途不添加新的学生。也没有毕业不毕业之说，读就读，不读就罢。胡永华在村里私塾读了四年，然后去考正规的姚圩小学四年级，结果按成绩录取到了三年级。

胡永华清楚记得村私塾的一些具体情况：私塾设在大厅下上阙的思省堂里，堂厅里的天井边设置了木栏，以规范教学场地；教室设有黑板、摇铃，摇铃由老师一个人摇着，用来指挥上下课，每节课的时间为40分钟；课桌、凳子均由学生从各家搬来，各种各样的都有；教室的上席墙上挂有孔夫子的画像，供学生瞻仰；私塾里天天上课，没有周末，但分上下学期，也放寒暑假。

由于私塾是由学生家长凑钱开办的，政府没有任何投入，所以也没有上级的检查，教育全由私塾老师主持。学生上学也不受制约，愿来就来，不来也罢。胡永华认为，胡建忠当老师责任感很强，知道学习不可以停顿或厌倦的道理，所以他对教学管得比较严，遇到违规的学生，常要给予罚跪，或让学生伸出手掌接受竹片惩罚。胡建忠的老弟胡厚祥及胡增辉犯学规时，就被他用竹板子打了手掌。学生一般都要面向孔夫子像被罚跪。那时孔夫子是师生心目中的圣人，是人生的导师，学生在孔夫子像前被罚跪，有一种庄重教化和敬畏的气氛，会给学生留下很深刻的印象。

在教学内容分配上，语文和数学在私塾里是最主要的课程，一些副科的学习时间则要少得多，如图画、体育，一个星期只有一节至二节课。胡建忠老师实际上也是全科老师，教学方式主要是灌输式、宣讲式，课堂全由老师管控。那时，学生每天都要练字，方法是在有红字的模本上，盖上透明的白纸来加以模写。学生初入学时，以模仿为主，之后，也可以自己按课本上的字仿写。学生练字用的笔都是毛笔，都使用砚与墨。每天需要模写或练习几张纸，不超过 50 个字，并作为作业交给老师批改。开始写字的内容是"上大人，孔夫子，化三千，七十二……"之类的。

除了练毛笔字外，每天还要在老师身边背一次书。背书时，老师坐在桌子边，学生前来恭敬背诵。如果没有对上课文，或背错了课文，老师会要求学生重新背诵；如果一直背不出，则说明学生没有用心学习，就可能要接受老师用竹鞭打手掌的处罚。胡永华回忆道：自己没有被老师打过，但被罚跪过一次。当时不是跪在地上，而是跪在自己的书桌上，足足跪了一个下午，中间累了，可以坐在桌子上，老师也不会说什么。那时他也就十一二岁。之所会遭受罚跪，是因为暮春时节时，村前小溪旁一种叫缘绿的灌木花开得很灿烂，他和伙伴悄悄去那里玩，做起了用溪水冲动缘绿花球的试验，而且成功了，大家喜笑颜开。可却耽误了背书。

在谈到私塾的教学效果时，胡永华认为，胡建忠教了他三年，给他打下了较好的国文基础。这主要受益于胡建忠对学生要求严格，教人的心很诚。

当笔者向他询问老师的吃饭问题是怎么解决时，胡永华介绍道：当时老师的薪金是学生家长凑的钱，老师不住在村里，他（胡建忠）每天早上吃饭后走两里路来村里教课，中午饭则由学生各家轮流提供。具体操作是：如一个学期是 140 天，有 20 个学生，那么每个学生就轮流供老师 7 天的午饭。到了吃午饭时，由学生带老师到自己家里去，陪着老师一起吃饭。

据胡仕华回忆，有时也有为老师送饭的方式，即负责供饭的家长将饭菜用一个小木桶装好，里面除了有米饭外，另外还个把荤菜，个把蔬菜，到时就送去，这叫"供饭"。

每逢年节，学生家长也会自愿给老师送去一些礼品，如端午节送些蛋，中秋节时送点月饼，但一般不会送钱。礼品的轻重，取决于东家的经济情况及大方的程度，也有少数送不起的家庭。送礼是家长酌情对待的事，体现出了当时国民尊师重教的传统。

村里最好的私塾场所是当时村东的大庵房，这个庵房虽然长期是一个佛教活动场所，但那时更主要是村里学校的场地，一直受到村里重视。1942 年，庵房的部分墙体倒塌了，在财主胡满章的策动与指挥下，暇港新老屋（村）的头面人物决定按原型重建庵房。当时派劳工是按"烟"（独立成家开火就有烟，一烟就是一户）来分配落实的，一"烟"出一个劳力。胡永华与寡母两人也有一"烟"，所以他要去帮工。为使庵房更好地发挥学校的作用，在胡桂本的建议下，大家决定在原来没有开窗的墙体上，适当添加一些窗户，以利于通风透光。

据胡仕堂回忆，由于庵房体量较大，需要大量木材做瓦梁、楼柱、楼板等，为此，新老屋许多男人都去姚圩袁河边扛过杉木料，小木料一人一根，大木料两人一根，运料的队伍绵延有几里路长。庵房修好后，两房楼的长体庵房显得舒缓适用而又大气。解放后许多年，该庵成了乡里或公社的主要教学场所。

五、民俗状况回忆

（一）祭祖

祭祖是宗族、家族中的大事，它是缅怀与感恩祖先，维系家族血脉、纽带与情感的重要活动，在封建社会中很受人们重视。东汉王充道，"世信祭祀，以为祭祀者必有福，不祭祀者必有祸"，"实者，祭祀之意，主人自尽恩勤而已"（《论衡》）。暇港村祭祖分两种：一种是宗族派代表到祠堂祭祖，另一种是各家各户面对神龛装灯燃香祭祖。无论是集体性的还是家庭个体性的祭祖，都有鲜明的庄重性与表演性，能给青少年以深刻的印象。暇港村集体祭祖在江西中部有一定的代表性。据胡仕华、胡永华回忆，每逢阴历年尾的十二月二十四日晚上，村里都要举行隆重的祭祖活动。参与祭祖的人员，除了老屋本村的"头人"等代表外，还有彭家塘、老头、东洲、率田等各新屋的代表，共有十余位，都是具有一定的文化与见识的人，同时，现场还有不少旁观者。对参祭者来说，祭祖即敬祭列祖列宗中的大公大婆，感谢他们对后辈的生养恩德。祭祖地点在大厅下（祠堂）的上厅。胡仕华清楚记得有次祭祖活动的过程与情景：这次祭祖由彭家塘村胡亚章的父亲胡超群主持，祭台上的祭物，是用鸡公当"大供"，用猪肚子装兔子。仪式在噼里啪啦的鞭炮声中开始，由东洲村一位在县政府当科长的人读祭文。开始读祭文即是下祭的开始。胡仕华说："他读祭文的声音很好听，会唱起拖音来，声情并茂，此时不会敲锣打鼓。"读完祭文后，参祭人在主祭人的招呼中列队依次走动，围着祭坛转几圈，在沉思中表达着对祖先的缅怀。

祭祖结束后，次日二十五日是小年。年前的祭祖，加强了新老屋同族之间的感情维系。新中国成立后，在祠堂中的集体祭祖活动消失了，但各家各户的祭祖活动仍会在大年或大节时进行，形式上较灵活，一般由家里大人们在神龛前主持进行，内容上主要是摆放祭品、装灯、焚香、插香、点烛、揖拜等，揖拜时，有的人家会让其他家人都参加揖拜，以感谢先祖的血脉、恩德之情义。我曾多次看见父亲或母亲在神龛前祭祖。由于年年不忘祭祖，每家神龛上的香灰都很厚。一次，我在雷公厅玩木匠胡生安的斧头，不慎被削掉了左中指顶头处的一点肉，血迅速涌出来了。我一时吓坏了，根据以往经验，就赶紧回家趴到神龛上抓了一撮香灰敷在伤口处。当时，我感觉到香台里储存的香灰是很厚的。现在，各家盖新屋时一般都不再设置神龛了。

（二）修谱与探谱

修家谱是家族公共生活中的一件大事。每经历若干年，暇港胡氏新老屋便要以暇港村为中心，进行一次修家谱的活动。新中国成立前最后一次修家谱是在 1943 年。胡永华等人对这次修家谱活动以及探谱过程有清晰的回忆。

据胡永华回忆，那时修家谱的主要任务或目的，就是要在上次修谱之后，将各房各家的添丁、嫁娶及老人去世丧葬等相关信息客观地记载在谱册上，同时载入一些家族中的大事。待要修谱时，暇港新老屋中的一些有见识的头面人物会聚在一起，商议修谱中的大小事宜及规矩，并推出两个专门负责修谱的工作人员。修谱工作的落脚点叫"谱局"，即修谱的地方。1943 年负责谱局工作的两位人员是暇港村的胡奉安和老头村的胡建忠，他们在谱局房间做事叫"做局"。这次修谱时间耗费了一年多。"做局"两人的基本事务就是收集各房各家的相关信息并进行核对注明，然后负责进行家谱新内容的起稿。起好稿后，即由匠人检活字印制，如缺少相关活字，当即雕刻补上。这样可见，印制是颇耗费时间的。"谱局"重地资料较多，头绪又多杂。修谱过程中不可出乱子，因而不允许小孩入内。

家谱印制一式四份，存放于三个村子中，即暇港村存放两部，率田村与老头村各存放一部。修成的谱中有总谱、支谱之别。总谱记载整个家族中的历史脉络及一些重要人事变故；支谱分四部，记载各支房添丁、嫁娶、丧葬等信息。

修谱完成后，便进入吊慰亡者及扛谱慰祖的探谱阶段。

探谱中的第一件事，是"做局"的两人将需要祭奠的亡灵信息备好后，请外地几位道士来做法事、度亡灵。请道士来做法事之前，要先将此次谱上登记的各家中逝者的名字及送给纸钱的数量等信息标榜好，用绳子串挂在各房众厅的墙上，这叫"挂榜"。同时，逝者各家要备好装满纸钱的小竹笼（竹篾做的方形容器）箱子。道士到来后，主要工作就是燃放鞭炮后开经念咒、祭奠、度亡灵，同时焚烧装着纸钱的竹笼箱子。

　　道士们做完法事需要两三天，之后便是扛着修好的家谱在家族所属地界进行游行，此即所谓"扛谱"。那年扛谱前，村里早已写好信寄给正在新余县初级中学上学的胡自强、胡永华两人，要求他们返回家乡来扛谱游行。扛谱当日，一式四份的家谱分别装入四个木箱中，然后将每个箱子绑在一张坐椅上，每张坐椅分别由两个男性青少年扛在肩上去游行。游行的路线是从暇港村祠堂出发，经过凤形山到下山，到老头村，进彭家塘村，转绕入东洲村、率田村，再经溪口村那边返回。回来时放了许多鞭炮。之后将各份家谱卸下，分由各个管家领去保管。探谱之事至此结束。

（三）送龙舟

　　在 20 世纪三四十年代，暇港胡氏的新老屋每五年要办一次送龙舟送神、祈求风调雨顺的活动。这种活动胡仕华、胡永华等都亲身参加过。胡仕华记得，他父亲胡生本曾在大厅下为送龙舟的事先后守过两次夜。送龙舟活动的起点在大厅下的上厅，大约是在阴历的二月份，人们在较宽的上厅里起了一个坛（由木桌平台充当），扎了一个观音娘娘坐在坛桌上，同时封住上厅的后门，在上厅下面东西两门之间扎了一个门楼，供人们从这里进去装灯和出来，再在厅内开了一张守护人员住的铺，守护者约需住两个月左右。

　　胡仕华说："大概在阴历三月间，即将近快栽禾时，人们用竹子扎起了一个和下厅长度相近的大龙船。记得那龙头很大，像狮子头一样。龙舟框架扎好后，再用花纸、泥人加以装饰，并在船头扎了几个弥勒菩萨，同时，还另外扎了弥头菩萨和花轿，以用在龙舟行进的前面。""父亲胡生本对筹办送龙舟的活动很真诚，曾在上厅开铺日夜不停地守了个把月。日夜守护在那里的目的，是客观需要有人来招呼敬神、装灯的人，同时，那里的灯也需要人不停去照理。龙舟在下厅制作时，有时人们要去喝彩。在送龙舟的前几天晚上，需要举行'号船'活动，即在晚饭后，人们将一张桌子摆放在厅下，再由人们吹的吹，唱的唱，打锣鼓的打锣鼓，持续两至三个钟头，场面十分热闹。'号船'是给龙舟以神性灵性，祈望它能实现人们的美好意志，当时财主胡满章很喜欢这个仪式。"

　　出阵送船时，要拣日子，由村里"头人"商量确定。送舟的那天，在下午出发，目的地是三里外的南门村江边。有一次，为了显排场，讲脸面，选在更远的黄溪村江边，要到那里把抬去的龙舟、弥头菩萨、观音娘娘、花轿等烧掉。送龙舟的那天下午，大厅里已预备了许多抬东西用的竹杠。队伍开拔时，前头有个"打头"的人，他需要在路上招呼开路、开铳等事宜。"打头"的人是来出风头的，得此资格需要花上几担谷的钱。"打头"人的后面，是 50 个打旗及 50 个打铳的人，之后，由 16 人抬龙船紧接着，龙船后面四个小孩抬着观音娘娘，后面还有人抬着弥轿、花轿。此外，队伍中还有两个漂亮女孩负责打掌扇，并被人用车子推着；还有敲锣打鼓的人。这里的铳，不是发射铁砂的那种铳，而是专门用来放爆的工具，弹药是用花爆做的；铳上面有四根管子，举起击发时轰隆轰隆地响着，很有声势。出动时，前面的人一放铳，后面的龙船马上被抬起，整个队伍便开始启程，形成声势浩大的送船人流。

当时，由于没有修马路，道路很窄，因而大家都是打着赤脚，改在路两边的田里走。参与出游的人员，除妇女外，其余的村民皆可去。人多些是为了给暇港村出名长脸，因而能去的人都尽量要跟着去。走过五六里路，送龙舟的队伍过江来到黄溪村的沙滩上，人们把龙船、观音娘娘、弥头菩萨等送去的东西统统卸下，点起火来把它们一起烧掉，一点也不能带回。焚烧时，铳声齐鸣，锣鼓急奏，人们望着冲天的火光齐声呐喊，祈祷风调雨顺，现场好不热闹！烧光了龙船等祭物后，送龙船的人便陆续按原路返回。

（四）赌博

新中国成立前，暇港村赌博的风气很浓，许多村民对它有精神依赖。如前文所述，村里有几个赌博窝点，最大的窝点在胡满章家。据几个老人回忆，赌博与社会环境及经济收入等相关。每年夏天割禾时，社会上开赌博的不三不四的庄家（也叫赌博鬼），就会出钱请人来村里唱花鼓戏，目的是吸引众人来看戏，借机吸引他们参与赌博。但胡满章不会这样来吸引赌博。有一年，庄家在村东的庵房西边搭起戏台来演戏，这时，有不少男女借看戏之名暗中相约而来，乘看戏之机在庵房东边的芝麻地的隐蔽处偷情，糟蹋了不少芝麻苗。这些男女，既有本地的，也有外地的。由于唱戏时人既多又杂，人们许多欲望被撩起来了，操纵者也把赌博搞起来了。可见唱戏是吸引许多人参与赌博的引线。这样唱戏，村里一般是一年搞一次，也有一年唱两次的，一次大约有几天。

除了以唱戏惹赌博外，夏收后的农闲中，村里赌钱打牌的现象也很突出。这种赌博，大都是中青年参加。为了赌博获利，一些村民甚至顾不得将自己田里割下的禾收回来，就参与赌博去了。村民胡禄安，平时比较好逸恶劳，喜欢梳头打扮，也喜欢投机。那年夏收时，他在江边的稻田里已割下许多稻子，本该及时收回，但因赌瘾大，天天沉迷赌窝，最终，那些未收回的稻子眼睁睁地烂在了田里。因而后来有人称他"禄安败子"。

村民参与赌博，让一部分人发了财，也让一部分人进了"地狱"，后果往往十分严重。譬如，有的赌输了，还不起，就去做贼（但那时几乎没有人敢去抢劫）；有的将祖辈积下来的屋或耕地卖掉还账，有的还卖老婆。暇港邻村花溪的龚仁学赌博输了钱，没有钱还债，就悄悄地与中间人说好，把自己的老婆卖掉。当时他老婆还只有 30 岁左右，与他生了一个儿子。龚仁学将老婆卖给东洲村的胡庆本，当时胡庆本是打轿（派轿）到花溪村的桥边去接龚仁学老婆的；卖给胡庆本后，该女子又生了一个男孩；之后，该女子又被嫁给暇港的胡凤华，遭遇很惨。有的人家出了一个赌博败子，会导致家散人亡。村内一户三兄弟的人家，老大赌博恶习难改，让本来不好的家境雪上加霜，于是老二老三兄弟联手起来将老大打了一顿，老大受伤严重，不久就去世了。

还有人因赌博输光财产，只好悄悄躲到人稀田多的山中小村去种田，村民胡贡章、胡群华等青年就是这样，直到土改时才返回村里。也有人因赌钱输了还不起钱，被别人买去当壮丁。村里青年胡林华、胡瑞章就是这样去当壮丁的，胡林华还被别人买去当了几次壮丁。据胡永华回忆，当时国民党抓壮丁，是"三男抽二，二男抽一"，实际上，大村中壮丁抽得较少，小村中壮丁抽得较多，其原因在于大村中的青年受势力庇护更容易躲避被抓去，而小村人家的青年因没势没权难以逃走，因而当时当壮丁的人大多是穷苦人。

赌博在暇港村之所以根深蒂固，除赌民有不良习性外，这一活动还受到一些有实力财主的保护，这也是重要原因。村里如果没有胡满章对赌博的引诱保护，赌博的风气不会有这么浓，这点是肯定的。

（五）唱戏

暇港村民的文艺活动主要有唱戏和看戏。唱戏与看戏是精神娱乐活动，一般在农闲时和过年过节时才有。

暇港村的戏有两个来源，一是请外地戏班子来演戏，二是由村民自筹的戏班子来演出。据当年戏班子成员胡仕华回忆，20 世纪 40 年代期间，上房中的青年人组织了一个戏班子，共有七人，包括胡仕华、胡文本、胡东本、胡印华、胡香堂、胡爱本、胡美良，其中拉胡琴的是胡印华，打鼓的是胡爱本，敲锣的是胡仕华，其他道具还有铜钗、木鱼等。演唱时，有的成员身兼奏、唱二职，有的成员纯是唱戏。唱戏人中，胡文本唱仄音，胡仕华唱男音

（即以平常男声入唱）。大家的戏艺是在胡香堂住的土屋中学的，一般是农闲时学习戏艺，过年时演戏。

村戏班子唱的戏主要是板凳戏。板凳戏不需要借用舞台，因为它主要是为了到各村各家串演，不是大幕戏，带有小戏卖唱的性质。演出时，只要对方提供板凳坐下便可就绪，不需要化妆，基本的道具如琴、鼓、锣、木鱼等，均由演员随身携带。演唱时一般是一人出唱，其他人敲打乐器配合；等某人唱完后另一人接着唱，其余人又敲打乐器配合，如此循环。这样的戏班子很适合农村环境，又是在板凳上演出的，故称板凳戏。

到各家演唱板凳戏一般时间不长。演出结束时，东家会送一个红包来酬劳。胡仕华回忆道："演唱中，胡文本的仄音往往让人感到蹊跷，他嘴未动，却发得出仄音，引得一些妇女细细地去听，临近去看。戏班子主要是以内容、特色去吸引观众。"

办戏班子的目的，主要是为了赚钱，同时是青年人找乐趣的一种方式。每逢过年过节时，戏班子的生意就会红火起来。他们为了扩大影响，也会择时在本村的众厅里演唱。演出结束后，他们一般会收到村里三房（上、中、下三房）给的众钱（村里公共收入）。

遇农闲时或过节时，戏班子会更多地到胡氏外村、邻村去演出。例如，有一年戏班子去老头村走新年，他们吃过早饭出发，到了村里去某家唱戏时，户主会在家门口放一串很长的鞭炮表示迎接，并为戏班子端上开水点心，热情让座，接下来，便是坐下来欣赏演员的才艺了。

由于戏班子功夫较好，本村人胡水章介绍他们去洞口横蓝桥演戏。那时是正月十三四，村里的成年人都在外边干活，小孩见客人来后，飞快地跑去田里告诉大人，说唱戏的老胡来了。于是大人匆忙回家，立马开始热情款待，忙忙乎乎地煮酒煎麻糍。事过五六十年后，胡仕华还说道："那酒和麻糍又香又甜，真是好吃！看见客人吃得欢，东家笑道：'你们只管吃得去就是！'"唱完戏后，主人家又送上一个红包给他们。接下来，戏班子又一家一家去唱，对方也是一家一家地送红包。红包中包的是纸币。也有时，戏班子被一个村聘请过去唱戏，如新干县胡氏殷富村，便是在众厅中敲锣打鼓唱戏，事后是村集体送给一个红包。

胡仕华还回忆到唱戏人员的吃饭规矩问题。他说到，在外村唱戏一般不在对方那吃饭，万一要吃饭，会注意一些细节。如东家为表示尊重客人，有时会端上一些当时比较珍贵的猪内脏荤菜，这些荤菜一般都是放在菜碗上面的，可见，这些荤菜是礼节性质的。客人可以偶尔尝一点子，但我们都尽量不吃，主要吃其他菜。吃饭时，一般都同时会备些米酒，但那时不作兴吃面条。有一次，戏班子在殷富村唱戏，吃完饭后，主人又用大盆端来糖片、瓜子。这时，戏班子中一个叫"小脑袋"的青年又想去吃，胡仕华见情况立即提示他不要去吃，说"不要像一个从饿鬼中放出来一样让人难看"。到胡氏老华村唱戏，双方感情更亲近自在些，戏班子人员会主动向当地人拱手拜年，东家人也会热情招待。当时，一个红包中的钱价值相当于现在的50～100元钱不等。

如果是外地人来村里唱戏，戏种多半是花鼓戏。戏台一般设在村东庵房两边，或村前田里（现胡全根做新屋处）、村西胡万安家西的空地上。演出时间一般也是农闲时或过节时，到村演出一次要用上个把礼拜，戏场上一般有一二百人，其中本村里看戏的人常有几十个或上百个，更多看客是从外地赶来的，其中少数人还是从很远的地方赶来的。

受唱戏文化的熏陶，一些村民渐渐学会了拉二胡，懂得了不少历史上帝王将相、才子佳人的经典故事，开阔了文化视野，增强了鉴别是非善恶的判断能力，故而，唱戏对促进暇港村民的思想文化素质是有贡献的。

（六）打拳

暇港村在本地相对规模较大，有一定的地方影响力。新中国成立前夕，为了展现村庄男人的勇气，也为了强健身体，村里一伙身手敏捷又有一定文化基础的年轻人自愿组成了打拳队。班子中的青年骨干有胡自强、胡香堂、胡富贞等青年。遇到过年过节时，打拳班子就会公开表演一些拳术、跨桌子之类的节目，以博得观众的喜欢。有时，打拳班子还会去外边的同姓村进行串连表演，即"走新年"。表演完后，东家都会给表演者送上红包。直到新中国成立后头几年，打拳班子仍进行了多次义演，由于气度、技术不错，给人们留下了较深的印象。

（七）起会

新中国成立前，村民们为办好一些比较大或较难办的事，常会发起一些类似筹费组织的"会"。起会就是大家合伙凑钱办相关的事。例如，村里曾有过"碾会"，即是村民凑钱将村里两间碾房建成的集资组织。碾房建成使用后，会员可不花钱去碾米，而没有入会的村民要去碾米，则要向碾会交纳一定的费用；村里也曾有过"天花会"，即部分村民凑钱请懂防疫的"湖南先生"来帮助预防天花病的组织。此外，还有过"清明会""冬至会"，此即大家凑钱一起去进行清明祭、冬至祭的组织，会员家的男人可以一同去进行清明或冬至的祭祖活动，并在一起吃一餐饭。这类的起会，一般限定在上房或中下房内部。

（八）打鼓

暇港村置鼓与打鼓的风俗流传已久，其起时已难考证。胡自成回忆道："新中国成立前，村里就有两面大鼓，一面悬挂在大厅下上厅天井的南边，一面搁在上房厅的下厅东北角处一个较高的鼓架上。后者直径约七八十厘米，而大厅下大鼓的直径要更大一些。大厅下的大鼓一般是用在隆重的祭祀、典礼上的，贺年、激励、报警的功能不突出。处于村中心上房厅下的大鼓主要用来贺年、激励、报警，平时用的比较多。该鼓鼓架前设有一个木制的站台，是打鼓手站脚用的。"

据胡仕华回忆，在闲时，打鼓一般起着一种报警的作用。假如村中哪间房屋起了火，有人发现了，老人就会告诉他们："快去打鼓呀！快去打鼓呀！"村外做事的人们一旦听到急促的鼓声，就会拔腿跑回村来救火。村民胡禄堂的妻子邓氏病亡，娘家人觉得暇港姑父家有过错，就到洋江村攀来一伙人想到暇港来讨理。这些洋江人带气赶来时，恰巧被村里青年胡永华、胡仕华发现。于是，他俩赶紧打鼓报警。鼓声咚咚，在外面干活的大人纷纷跑回。洋江人见此情景怕吃亏，就虚心地躲避起来，这边的暇港人便趁机呼喊"捉人啦、捉人啦"，吓得洋江人灰溜溜地退了回去。

在春节期间，打鼓则起着庆贺新春和激励人们新年精神的作用。鼓手一般是村里致趣于鼓事的 10 岁左右的少年。打阵鼓时，需要两位少年持鼓棍站在台上配合，使鼓产生匀称的声律。大年中隆隆的鼓声，最能使人感到年味的浓烈。除夕那天，晚上吃完团年饭，家人便开始围火守岁，长辈给小孩压岁钱，此时，村中的鼓声也一直会或紧或松地响着，让人们记住这一年中宝贵的时刻。

据胡仕华、胡自成回忆，在午夜即将迎来零点时，鼓声会最后形成一个高潮，以告示村民们新年即将开始。在这之前，负责守岁的"头人"要逐一到四个大厅去封门。之后，鼓声因鼓手们的精力有所减弱而变弱。这时候，鼓手们愿打鼓就打，不愿打也可以。如果感到肚子饿了，"头人"们会拿出一些糖片、面条之类的食品来供大家吃宵夜。在将要天亮时，"头人"们又要逐一去四个大厅开门。这时，鼓手们会用力打出最后一阵正鼓，告知村民们快天亮了。接着，便会听到村民们开门燃放爆竹的声音。

（九）吃"汗毛酒"和吃"接姑丈酒"

过年期间，上房有两次特殊的酒宴，即初一吃的"汗毛酒"和初四吃的"接姑丈酒"，这种事必须在房厅里进行，在中房、下房未曾听过。

"汗毛酒"在初一中午吃。酒席由轮流中的四个上房"头人"负责组织。其先，是在厅中摆好所需的桌子，快到中午时，由各家派人用茶盆端来各家的酒及两至三个菜，放置在桌上。酒菜备好后，各家的大小男性均可前来参加饮吃，而女性却不能去，仅可在旁边观看。这种由各家凑酒菜的男性集体酒会，就叫"汗毛酒"，其意即为新出生的男孩而吃的酒。"汗毛"在当地人指的是孩子身的细毛。大年初一置此酒会，有特别重视男性传宗接代与家族团结的意味，是封建社会重男轻女的表现。

此外，上房还要在正月初四设置各家集体参与接待新姑丈的酒会。酒会也是由轮流中的四个上房"头人"张罗安排。该酒会规定，本房中，不管有新姑丈的家庭还是没有新姑丈的家庭，都要有代表参加，但是小孩不能去。酒会的主题就是让各家接来的姑丈熟悉本房中各家大人。当天中午，每家派一人带上一些酒及一两个熟菜到房厅，汇集在桌上，同时姑丈随岳父岳母前往房厅。在房厅的下厅入口处，已有人铺好了毯子。进入时，在岳父岳母的引导下，姑丈跪在毯子上，逐个向前来的女方亲属拜年，拱手称"恭喜、恭喜"，同时，对不同的长辈要分别叫"伯伯恭喜""姆姆恭喜""叔叔恭喜""婶婶恭喜"等。此种礼仪，能使得姑丈在婚后进一步熟识女方家族中的各位大人，使彼此之间的关系更加亲密。正月初四的这种接姑丈酒会，其他地方一般都在正月初二日进行。

举行了集体接新姑丈酒会后，接着便是各家请新姑丈吃酒一次。为表示热诚，加深睦亲印象，到时各家都会请来几位喝酒高手作陪，这些喝酒高手会巧用各种方法和策略，务必要使新姑丈喝得烂醉如泥（即喝倒），才算是东家接待得好！

六、医疗情况回忆

新中国成立前，农村的医疗状况十分落后，病人看病、治病主要依靠中医、巫医。由于城里的医院与农村隔得很远，农村人极少能够请西医看病。

巫医是心理治疗与迷信的结合体，在农村无法真正成为治病的主体。然而暇港虽然村庄较大，却没有任何中医资源。村里人生病后一般都要等上一段时间，看能不能自然好转，实在挨不过去时才会去找郎中看病。当时，附近方圆五六里地，只有东洛村有一个郎中，叫符日瑞。他多次到暇港村里给村民看过病，村民反映其医术还算不错。当时的看病方法是由病人家属请郎中来家中诊断，而不是病人上郎中家里去诊断，且郎中只诊病不配药。符日瑞看完病后，会根据具体诊断开出一个药方，由病人家属持药方到哲山村的小药店或漕家洲的小药店去抓药；同时，郎中也会根据自己看病起的作用，向病人家属酌情收费，村民反映他收费还不算贵。当时煎中药的工具，主要是小铜锅，其次是砂锅。

此外，一些村民也有到问神婆处看病的习惯。他们认为，人之生病，总和鬼神、灵魂有关系。问神婆治病的方法，常是通过鬼秘的"发降"的方式，装神弄鬼来影响病人心理，以此欺骗病人，所以这并不是真正的治病。一些病人因笃信问神婆的方法而延误了病情，以致丢掉了性命。

第三章　新中国成立后暇港村历史回忆

一、新中国成立开始新生

1949 年，全国大部地区都在经历着沧桑巨变，暇港村也开始了自己的新生。

1949 年四五月间，解放军部队的众多兵马浩浩荡荡从新余方向过来，经过南安乡，向新干县方向进发。新中国成立后废除了国民党时期的保甲制度，把全县划分为七个行政区，分别是县城区、观巢区、江东区、罗坊区、水北区、姚圩区、江津区。1949 年 10 月，增设姚圩区人民政权，辖姚圩乡、南安乡等。是时，农村的所有农户都以个体生产者的私有身份独立分散地存在着。解放军的南下和县城人口的增加，客观上需要增加粮食供应，因而从该年下半年时，县政府就分别向各地派出了农村征粮队。征粮队的征粮是以"借粮"形式来具体展开的。"借粮"一般不会向粮食不足的农户借，而只向粮食比较富余的农户借，这些农户大多是后来土改中划分的地主。借粮的数量，一般是每农户 500 斤或更多一些，在质量上要求粮食是好谷，并要求农户私人送到原南安乡公所的仓库中去，并做登记。

1950 年，暇港村的保甲制度已瓦解，黑恶势力明显减少，但土地与生产生活中的基本关系仍和以往差别不多，当时一般贫苦农民较少缴纳公粮，政府与军队所需要的粮食，仍是通过征粮队向较富有的农户进行征粮的方式来加以解决。

二、两名暇港村藉志愿军战士参加抗美援朝英勇献身

1950 年 6 月，朝鲜战争爆发。1950 年 10 月 19 日，中国人民志愿军开赴朝鲜进行抗美援朝运动。暇港村有两位青年参加了抗美援朝战争，均为国英勇捐躯。其中一位名叫胡新华（小名叫扮子仔），是胡增本、胡桂本、胡金本三人的堂兄胡德本的儿子。新中国成立前，他被国民党抓壮丁编入国民党军队，后被解放军俘虏，转而加入中国人民解放军。抗美援朝战争爆发后，他随所在的部队入朝参战，在战争中捐躯沙场，为抗美援朝的胜利贡献

了自己的力量。

另一位名叫胡安根，是胡奉祥的儿子（胡奉祥的另一个儿子是胡国平）。胡安根身材高大，平时喜欢打趣。抗美援朝开始后，1950年的11—12月中，他毅然到姚圩区政府报名，要求当志愿兵参战。经身体检查与政审合格后，胡安根被同意入伍。穿上军装回到村里后，他还特意到胡郁文家里买了一只狗，送给姚圩区政府做征兵工作的同志以表示感谢。不久他就随部队入朝作战，从此再也没有给家里来过信。他妻子在他当兵不久后，怀着身孕外嫁东洛村，后来生下遗腹子胡金水。很久以后，人们通过政府渠道才知道，胡安根已在朝鲜战场牺牲。直到今日，他的家庭后辈一直受到政府给予的"烈属"荣誉及抚恤关爱。他不怕牺牲、慷慨赴战、保家卫国的伟大精神，一直得到村里人们的尊敬。

三、妇女织布支援解放军

原暇港大队妇女主任、胡生安妻子王秀英回忆道："我是1947年17岁时嫁到暇港来的。1949年4月，我们这边来了解放军，不久新余就解放了。当时，我只是和其他妇女一样，在家里做些纺棉花和织布之类的事。那时的每只（匹）布有一尺二三寸宽，四十二尺长"。"后来，有人把我村妇女织的布一起收购给急需布料的解放军。当时大部分纺织厂被战争炸掉了，难有能力供足军衣，需要收购农村人织的布去做衣裳。我村多数妇女织布，一只布能兑七斤棉花，是去泗溪花布行用白布兑棉花的。7斤棉花我可以做出3只布。听说是为解放军需要来织布，我们妇女心里都格外开心和积极，夜里的织布机总是响个不停。"

四、暇港籍中央红军长征战士胡禄本的故事

参加过中央红军的老战士堪称中国革命队伍中的瑰宝。暇港村就骄傲地拥有一位经过历过二万五千里长征的中央红军战士，他就是上房人胡禄本。

胡禄本出生于1905年，他家庭贫寒，父亲叫胡尧章。胡禄本童年时便失去父母，没有机会上学，靠着叔父胡舜章、胡禹章的一些接济长大。到十五六岁时，叔父介绍他去邻近峡江地界的深山里替人放牛种田。小时候的胡禄本饱受孤独冷漠受欺之苦楚。后来，革命形势风起云涌，共产党领导红军闹革命。不久，人们传说禄本去山里当"土匪"去了。事实上，这里传说的"土匪"并不是凶恶不义的土匪，而是专门打击土豪绅劣的地方革命游击队，属于红军的一部分。当了红军后，胡禄本就一直没有与家乡联系过。

新中国成立后，在枪林弹雨中九死一生的胡禄本携妻小一家被安排在萍乡市休养。这时，村里人才知道他的一些基本情况。胡禄本的几位堂兄曾数次去萍乡看望他。土改时期及以后，胡禄本也回过家乡数次。与他堂兄关系稍远一点的胡仕华回忆时说："禄本为人忠良老实，少年无父母时，叔父对他有所关照，但关照的程度比较有限，有时还有一些看不起或作贱禄本的味道，给少年的他带来了一些不好的记忆。"

胡禄本开始休养后，堂兄们都希望他能帮助解决一些诸如进城工作的问题，其中堂兄胡文本更是愿望强烈，说是只要能帮他脱离艰辛的农业劳动，就是进城让他打扫厕所都愿意！对于堂兄们的诉求，经历革命艰苦历程磨炼的胡禄本头脑清醒，他决不愿帮自己的亲戚搞特殊化，无缘无故给政府添麻烦、增负担。于是，他一再耐心劝堂兄们要珍惜革命成功后的安定时光，要安心在农村把生产搞好。胡禄本每次返回家乡时，对亲人们都十分感恩和关心，给堂兄们送过很多礼物，让乡亲们看了很感动。

他在关怀亲人的同时，在处理亲属要求解决的问题上，又能不以亲疏为别，坚持公平善意处理，留下了佳话。20世纪60年代初，分了家的胡仕华需要盖两间新房。新房墙脚开出后，与冬本、怡本家发生了纠纷。冬本、怡本两兄弟认为开墙脚的地址原是他们祖上的屋址，而胡仕华则不这么认为，双方争执不下。为了解决问题，胡冬本干脆去萍乡把堂兄胡禄本喊回来，希望他来帮助认定此事。不久，胡禄本回来了，不少知情人都担心胡仕华这回可吃不消了，暗示胡禄本一定会教训他一下。可胡禄本回来后冷静低调，他了解情况后，叫胡冬本把胡仕华的父亲胡生本请来。胡禄本见胡生本赶来，主动热情地把话讲开了："老兄弟，我们来把这个事情讲好。"接着又说："我看这个事情问题不大，没有关系，这个地址不是我家的，你去做就是了。"胡生本听了胡禄本这番话，深为他这种不以势压人、以情为重、诚善待人的态度所感动，连连握住胡禄本的手表示感谢。此后，胡生本父子多次提及胡禄本的为人，热情赞扬他忠良老实、高风亮节的美好品质和老红军的高尚境界。

五、成立农民协会

新中国成立后人民当家做主。1950年，当时南安乡党支部的领导是东北南下干部郭书记，乡长是在姚圩区担任武装部长的东北南下干部刘队长（有才）。这两位领导都体形高大，他们认真按党的政策办事，为人公道，深为群众所佩服。1951年，南安乡开始成立农村农民协会，同时也建立了民兵组织。南安乡原第三保管辖的暇港、老头、东洲、高边、花溪、彭家塘等村庄,被划为一个大的农民协会,担任会长的是高边村的李干发。李干发在新中国成立前被一些人称为"土匪",实际上他是地方的革命游击队队员,该组织是专门打击土豪劣绅的。

在这个大的农民协会中,暇港村和花溪村又合成一个较小的村农民协会。当时村农民协会的主席是暇港村的胡福华,后来胡禄堂、胡仕安也成为村农民协会的干部,花溪村加入农民协会的有龚保学、龚意学、龚化学等。受性格、认识、能力、形势等多种原因的影响,胡福华、胡禄堂、胡仕安等暇港人干部在村农民协会领导中并没有多少实权。

当时的农民协会,在政治上是新中国成立后在上级党和政府领导下组织协调处理村民公众事务的主要民主权力形式,也是党和政府在农村展开一系列重要工作的主要依托。为应对和调控复杂变化的形势,上级领导以武装思想为先导,特别重视宣传及教育干部群众,及时部署各种会议,充分了解和发动干部群众,让大家充分把握党和政府的方针政策,发动群众参与自身的新中国成立,为巩固新生政权、减轻农村剥削等做好准备和努力。

六、减租退租

新中国成立后不久,1950年3月左右,上级党和政府就在南安乡组织农民协会进行了"减租退租"工作,并形成了《新余县委关于姚圩区南安乡减租退租情况》的文件。成文时间是1950年4月8日。南安乡的减租退租工作,在全县来说是开展得比较早的。在新余市档案馆里,笔者发现了《新余五区洋津乡第三农民协会进行双减工作总结》的文件,成文时间是1950年9月3日。这一事实更证明了以上情况。

七、退租毁债

1951年下半年,新余县政府基于占有较多土地的一些农户仍存在严重的租谷剥削和债务剥削的现象,为了进一步在经济上解放贫苦农民,遂又组织有关工作人员及农村农民协会,有针对性地进行"退租毁债"工作。"退租"即拥有大量土地的占有者把向农户所收取的租谷退返,"毁债"即毁去贫苦农民所欠财主的不合理债务。该工作打击的对象是较富有的少数农户,它使贫苦农民开始在政治的天空中看到了绚丽的阳光,开始变得欢欣鼓舞起来。

八、财产登记

与"退租毁债"相关联的另一件大事，是 1951 年 11 月对农村农户进行的财产登记工作。这次财产登记也是由上面派下的南下干部具体领导组织的。登记工作首先是开动员会议，然后由农民协会人员按政策要求逐一到各农户家进行登记。登记内容包括农户家庭占有的土地、房屋、农具、耕牛、年总收入、放账、欠账等方面的情况；然后，将各农户的财产情况汇总到农民协会，协会要仔细甄别核对、签名。"退租毁债"和财产登记为后来开展土改运动提供了重要的前期工作条件。

九、庵得（庵房）会议

当时，上面县、区派下来的工作人员大都是部队南下干部，办事非常正派和认真负责，给群众留下了很好的印象。南安乡阳家老干部欧阳贵回忆时激动地说："这些人做事公道，完全是按政策办事！"但由于人文工作环境的变化，实际上也会存有一些简单化或偏听偏信的现象。譬如，在处理大村与小村的关系时，有时就有过因调查与思考不够深入而工作态度有所偏向的情况。正是在这种复杂的背景下，出现过一次对暇港、花溪、老头等村村民心理影响很大的"庵得会议"风波。

"庵得会议"是 1951 年夏天时姚圩区政府工作人员在暇港布置的一次由村农民协会主持的重要会议。会议主题是为政治形势、政府征粮、土地改革准备等事情动员群众。参加会议的人有暇港、花溪、老头村的村民，其中主要是暇港和花溪的村民。由于花溪人长期有来自暇港人的精神压力，一些人情绪不满，临到去参加这次重要会议时，农民协会干部龚保学竟然站在村前巷道口对村民大嚷："我们花溪人长期受暇港人的欺，你现在不去扳倒暇港，以后你还有身翻啦？来，去！"

此次会议在庵得召开。这天，二三百人的会议开到近昼（中午），会议即将要散时，大家都明显感到饿了，于是有人就向会议主持者提出弄一餐粥来吃，个别情绪激动的村民还出言不逊，其中老头村村民胡福安的情绪尤为明显。据胡仕华、胡义良等人回忆，胡福安带点"倡头"的气势叫道："开会开到这时候，肚子饿了饭也没有吃！"此时，主持会议的村农民协会领导，花溪村人龚意学、龚保学等人不同意大家的提议，但也没有很好地进行解释安抚。没想到，这种态度引起更多与会者的不满与起哄，加上暇港村人与花溪村人本来就有所冲突，会场的气氛陡然变得紧张起来。这时，代表姚圩区政府来主导协助农民协会举行会议的刘队长也倍感紧张，他担心会议可能会捅出乱子。为稳住会议秩序，遏止起哄现象，他一边吩咐随同的两位保卫人员看住会议的东西两个出口，一边猛然起身立在一张打拳用的桌子上，厉声劝止大家不要骚动。为进一步压住大家的不满情绪，他跳下桌子与其他人员将起哄带头人胡福安推进会场旁的耳房里控制起来。由于双方动作紧张，脚步乱踩，拉扯用力大，像拼命一样，刘队长心里顿时紧张起来，握在手里的枪不慎响起，没想到，子弹竟然打在了胡福安左腿的膝关节处。

胡福安被打伤的事实激起与会群众的强烈反应，他们不敢相信这是真的，相互在惊愕与愤怒中骚乱起来，有人喊着要把刘队长捉起来，与胡福安同村的胡明辉竟想向前抱腰将刘队长控制起来；同时，还有人跑回村去打鼓报警，表示暇港村的民意。见此情景，刘队长一时惊恐万分，在旁边的保卫人员迅速将他护住并退出会场。在场的暇港群众当即反手绑了主持会议的花溪人龚意学，并将他拉到村上房厅西侧的胡万安禾间里，用禾绳将他绑在一根柱子上。事件迅速扩大激化起来。

刘队长退出会场后，担心会闹出难以收拾的大事来，便决定从泗溪那里调来 20 个左右的武装人员（约一个排）进行干预，此次风波才得以化解。

当时与南安乡并存的，还有三联乡、皂东乡、南英垦殖场等。后来这些乡大都合并到南港人民公社中了。

十、土地改革运动

1952 年 2 月，春节过后，新余县在南安乡开始启动土地改革运动。土改的主要目的，就是组织农民协会对农户进行阶级成分划分，对地主进行土地财产的剥夺与重新分配以及镇压恶霸地主等。

1952 年 2 月初，代表县、区、乡政府的土改工作组深入暇港村，负责组织村农民协会实施轰轰烈烈的土改运动。暇港村的土改运动是和花溪、老头、彭家塘等村一起进行的。土改工作组的负责人主要是姚圩区武装部负责人刘队长；另有上面派来的两位土改工作组成员，住在暇港村胡仕安家的隔壁，其中一人姓高，一人姓赖。进行土改时，村农民协会发挥比较大作用的是花溪村的龚保学、龚意学、龚化学这几个人，暇港村的胡福华、胡禄堂等人虽然在村农民协会中是主席等重要干部，但他们只是代表本村农民协助土改工作而已。

为何花溪村人在村农民协会中会握有实权？原因之一是花溪的这几位干部具有较强的参与公务的能力及表达能力，原因之二是当时花溪人向上面干部反映过暇港大村存在欺侮花溪小村的一些事情。在新中国成立前，确有一些暇港人不那么尊重花溪人，甚至损害花溪人利益的现象。譬如，有的人在对花溪人的交往中常有礼节或语言上的不当，个别人晚上去拔花溪人田里的豆子，白天有人公然挖过花溪湖田里的藕、捉过其中的鱼。

为了稳妥有序地搞好土地改革，村农民协会干部和农户们经常要开会。邻近阳家村的老干部欧阳桂回忆道："那时要几时开会，就要几时开会！"由于开会宣传教育较多，干部群众对土改运动有了较深的认知。当时的积极分子胡仕华说道："土地改革，是改朝换代，要来一个翻天覆地！"干部群众良好的思想认识基础，为顺利进行土地改革起到了重要的思想保障作用。

暇港村的土改时间是 1952 年 2 月（阴历一月）—3 月（阴历二月）。土改工作是一步步推进的：先调查取证土地财产，接着划分阶级成分，然后分土地、分农具、分耕牛，最后分房屋家具。土改的基本方法：在上级政策要求和土改工作组的组织指导下，由农民协会联系各个农户共同汇报情况，估算哪家有多少土地（针对土地多的农户），多少财产，并组织人员进行实地丈量或具体核实，得出真实结果来。再结合 1951 年 11 月份的财产登记，依照政策，划分出农户中的地主、富农、上中农、中农、下中农、贫农、雇农等阶级成分。之后，按各农户（包括地主农户）人口多少平等分配土地。

当时的土改政策文件有《中央人民政府政务院关于划分农村阶级成分的决定》（1950 年 8 月 4 日政务院第四十四次政务会议通过），其中在"怎样分析农村阶级"中有较为清楚的规定。

邻边梧岗洞岭村傅法宗 16 岁时从父亲那里得到划分阶级的信息有以下内容：农户划为雇农的情况，是家中几乎一无所有，长年以做"客人"（雇工）为生，受人剥削；划为贫农的情况，是家中没有田地或只有很少的田地，缺少耕牛农具，家里有欠账，受他人经济剥削；划为下中农的情况，是家中有少量土地房屋，农具或耕牛不齐全，有时也受人剥削；划为中农的情况，是家中有适当的田地，房屋、耕牛、农具较齐全，经济上能基本自足；划为上中农的情况，是在中农基础之上，家中经济方面还有些节余或对他人有剥削；划为富农的情况，是在上中农基础之上家中经济资源更多，对他人的剥削收入占自家年收入的 25% 以上；划为地主的情况是具有相当面积的田地，以田地剥削为生，新中国成立前 3 年一直不参加劳动。

土改政策要坚决执行，但又必须切合各地实际来具体执行，情况会有些不同。据亲历过暇港村土改的胡永华回忆，当时被划为地主阶级成分所具备的条件：一是拥有 20～30 亩或者更多的田地；二是有田地出租，放了许多债，以剥削为生；三是雇了长工，自己一般不劳动。在实际操作中，有的农户的土地并不多，房屋财产也不多，但放出的债比较多，两者结合起来，也可能被评为地主，如胡顺安就是这种情况。又如农户胡恒贞，家里土地、房屋都不多，靠平时省吃俭用，积累下钱买了一架打棉机，另外他还喜欢放一些账，结果几项加在一起，阶级成分被划为富农。而独立成家的两位兄弟只被划分为中农。此外，有人认为，划分阶级也有一定的相对性和区分性，也就是说，暇港村划分的地主、富农等，只是本村阶级生态中的地主、富农。譬如，被划为地主阶级成分的胡奉安、胡顺安兄弟，每家都只有一间50平米左右的木框架式房屋。胡奉安儿子胡吉良说："当时家里不是很有钱，不算富足，土改前去垱下种田时，平时的衣服都用谷筐来装过。"可见评定他们的情况难以跟别的地方比，只是当时评成分人员综合认定的结果。

参加过土改的胡仕华评论道："好像爬梯子一样，总会有高的和低的，人的十个手指头也对不齐，划成分也是从整个情况来确定的。"他又说："我们这里划分地主富农的标准抵不得丰城、新干（县）那边地主富农的一半，就是比邻边哲山大村的标准也差很多了！可这个村庄的阶级划分，总要有高低不等的层次，农户中的情况总有好有差呗。这也反映和体现出土改工作的复杂性。

划分出阶级后，接着就是按政策将地主的田地没收过来，通过核算调整，再将所有田地以平等原则分给各农户。这样，村里的雇农、贫农、下中农等都依据实际情况分得到了面积不等的田地。至于地主本身，同样依政策按家庭人口分给了同等面积的土地，只不过土地的位置、质量会有所不同而已。

分了地主的田地之后，接下来就是分地主的农具、耕牛，以利于当时的耕种需要，之后再分地主的房屋家具。当时，政治气氛浓厚，政策纪律鲜明，组织严密，任何人不能乱来。地主家有用的财物要统统拿出来分。

胡仕华也清楚记得："分地主的东西时，就是从地主家搬出来的家具之类东西都统统放到村前空地上，进行统一登记，该打包的打包好。现场还派有民兵拿梭镖武装看护着。工作人员会根据贫苦农户的实际情况拿出分配方案，确定哪家有份分，哪家没份分，搞妥了之后，再分配，各家搬走分给自己的财物。分东西主要是分给贫下中农，那时没有人会去争或敢去争，分给什么就是什么！"他还回忆道："分耕牛时，也是先把耕牛集中起来，农户没有耕牛的，就要适当分给他们，如果耕牛不够，就几家共分一只耕牛用。分房屋时，凡缺房屋的人家，就要考虑适当分房屋给他们"。笔者的公公早年去世，婆婆守寡多年，带一儿一媳二女，仅有一间小瓦房，用房紧张，土改时定成分为中农，分得一间小禾间。这间小禾间后来成为我婆婆独立生活的住所。小禾间对缓解笔者家的用房困难起了重要作用，至今还在。胡仕华家是下中农，除分得一些水田外，还在一栋地主的土屋中分得了一部分厅房。胡求本是雇农，无房屋，土改时工作组和农民协会就把地主胡桂本土屋东边的一部分厢房分给了他。

分地主家房屋、财产时，工作队与农民协会也要按党的政策，依据人口实际，给地主家分必要的房屋、家具、农具等。当然，这些东西和以前相比会简陋得多。

在分地主用地、房屋、财产等土改运动主体项目完成之后，紧随其后的一件大事就是镇压国民党时期作过恶的反动分子。

十一、土改之后会议多

土改后的一些年里，农村政治经济模式不断发生重大变化，如搞互助组、初级社、高级社、人民公社，各种困难和挑战也一个接着一个，为稳妥而又有力地开展工作，不断跟上思想认识，那时农村工作中的一个特点就是"干部经常开会"。胡仕华回忆说："土改之后经常开会，如开四级干部会，县里开完了，乡里接着开，乡里开完了社里开，还开青年会、妇女会等。"村妇女主任王秀英也回忆道："起高级社时，党员夜里也要去哲山开会，而且夜里的会议开得多，会上传达上面的精神，讲国家的形势和生产怎么搞。"

十二、成立互助组

土地改革结束后的一段时间里，村民仍是以各户单干的形式经营农业，直到开始组织搞互助组时才结束，时间有将近两年。

为什么要搞互助组？决定搞互助组的主要原因是土改之后人们发现，许多贫苦农民虽然都分得了土地和一些房屋财产，但要有力地发展农业生产，仍会碰到缺劳力、缺耕牛、缺农具、缺生产经验等许多具体情况，特别是一些孤寡弱的人家，很难去顺利稳妥地开展农业生产。正是为了解决各自劳力、畜力、农具不足等困难与问题，逐渐改善农村生产的经济基础，在党和政府的号召下，在一些先进分子的带头下，个体农户在自愿互利的基础上开始结成了劳动互助组织。整体来看，互助组是带有初步社会主义性质的集体劳动组织。

原村妇女主任王秀英对互助组有过这样的描述："开始，搞互助组怎么搞，上面有政策，一般要邀伴，找伙伴去种田，牛仍各自养，各家农田未搞在一起种，分组集体做事，实行工分登记。我们这个组推荐金根仔（胡时成）做组长，后来陶平（胡建华）接金根仔的手当组长。"

在后来的采访中，笔者了解到更多的具体情况。

暇港村的互助组启动时间是 1954 年春天。据胡郁文、胡仕堂、胡有本等回忆，当时村里先后组成了四个互助组。当组长的先后有胡地成（后不久患喉癌去世）、胡时成、胡仕华、胡有本、胡文安、胡建华等人。互助组的规模，有的是六七户，有的是八九户不等。胡仕堂回忆道："开初，上面来人开搞互助组的动员会，这样，有意愿的农户就相互邀集，大家愿意邀哪家就邀哪家，多数互助组成员之间都有点近房血缘关系，如胡仕华当组长的这一组，成员有胡生本、胡冬本、胡爱本、胡建华等，都是上房这边的农户。胡有本当组长的这一组，成员有胡香堂、胡瑞本、胡柏华等，也都是上房这边的农户，胡地成当组长（不久换成胡时成）的这一组，成员有胡爱顺、胡道成、胡财成、胡生成等，都是属于下前房这边的农户。"

在倡导组成互助组时，也有许多农户表示不同意加入互助组，宁愿单干经营。当时的政策是：愿意参加就参加，不愿意参加就不参加，不强求。

在时间规定上，有的互助组是临时性的，如只在春插时或只在夏收时搞一段时间的生产互助，其余时间又各搞各的，有的互助组集体劳动的时间较长，从春插一直到夏收，有的集体耕作一直到红薯种下等。这其中，先进分子的带头与团结的作用很重要。

在劳动方式上，互助组内部是几家劳力一起出工做事，如犁田、栽禾、耘禾，对劳动出勤实行工分登记制度（胡仕堂说："那时不实行工分登记搞不成，工分登记一般是两天一次，在晚饭后大家聚在一起公开进行"），共用组内的生产工具和耕牛。那时耕牛是由农户牧养的，耕牛有大有小，为尊重这种区别，有的互助组也给耕牛记上不同的工分。另外，一头牛也并非只有一家农户在养。胡仕堂回忆说："几家合养一只耕牛，一家轮流负责养一段时间，平时共同利用该牛。"

在收入方面，到了夏收时（那时一年只种一季水稻），互助组都各自收割自己田亩里（具有私有性质）的稻子。鉴于田亩相对较多的农户出工相对要少些，其收入客观上得到了组内其他劳动者的帮助，而田亩相对少而劳动工分较多的农户贡献相对较多些，因而，工分少的农户理当补出一定的现金给工分较多的农户，以达到劳动量与报酬的平衡。据胡有本回忆，互助组只种了早禾和冷水田里的大禾（一季晚稻，那时尚未开始种双季稻），亩产一般为 250 ~ 260 斤，也有 200 斤一亩和 100 斤以上一亩的，没有 300 斤以上一亩的，种的稻谷还不够吃，因而栽了早稻后，还种了红薯、荞麦、豆子等作物。早稻品种有南特号、七月早、胡皮稻等。

互助组时期，农民需要缴税粮（即公粮），当时每亩交公粮 20 多斤，由各家各户自己用木车把谷送到姚圩的姚家越里、大陂候及罗坊等地交纳；至于余粮，很少有人卖，因为那时天灾严重，多数农户的粮食都不太够吃，没有余粮卖。

除了有互助组外，村里还有许多未申请入组的个体经营农户。胡仕堂回忆道："互助组没有搞很久，有的互助组搞了不久就解散了，照原样各家各户独自干，真正很好的坚持下来的互助组不多。"据原姚圩区长胡金根、暇港村女干部王秀英回忆，互助组大约搞了两年时间。

十三、成立初级农业生产合作社

到 1955 年三四月间，受多种因素的制约，暇港村的互助组解散了，开始按上面要求转入初级农业生产合作社，即初级社。初级社是以个体农户自愿组织起来的半社会主义性质的集体经济组织，它的主要特点是私有土地入股，耕畜、农具入社，由社实行统一经营，社员参加集体劳动，劳动产品经合理的扣除后统一分配。

当时，暇港成立了村前、村后两个初级社。村前的初级社，主要由中房和下房中的农户组成，社长是胡桂安，副社长是胡文安，会计是胡禄安；村后的初级社，主要由后房中的农户组成，社长是胡有本，副社长是胡瑞章，会计是胡香堂。与此同时，邻边的花溪村组成一个初级社，哲山村组成一个初级社，南门村组成一个初级社，阳家村组成一个初级社。胡仕堂回忆道："搞初级社时的最大变化，是各家各户的私有田地开始合在一起来，社员集体出工劳动，也是记工分。"洞口村的傅法宗回忆道："初级社与互助组的结构性质有所不同，互助组是集体互助的劳动组织，初级社下面的劳动组织叫生产组。"

据初级社原社长胡有本回忆，村里搞初级社时，两个社里的会计负责登记各自社里的内部活动情况，包括社员劳动工分的核记，为年终分红做准备。当时，男劳动力最强的一天计 9.9 分，多数男社员一天计 9.8 分、9.7 分或 9.6 分，女劳动力强的一天打 6 分，一般的一天打 5.8 分，较弱的一天打 5 分的也有。

十四、成立高级农业生产合作社

初级社存在的时间很短，大约过了八九个月，未等到分红，上面又来了政策，即在 1956 年春天，就又由初级社转入高级农业生产合作社。据胡仕堂回忆，1955 年中的初级社劳动分红是等到转到高级社后的春天才分的。

与暇港村两个初级社同时转入高级社的，还有花溪、哲山、南门、阳家等四个村的初级社，当时叫"新生高级农业生产合作社"。社长是哲山村的胡发根，副社长是花溪村的龚亮学，书记是哲山村的胡能民，副书记南门村的胡仁春，团支部书记是暇港村的胡有本。

高级社下面设生产队、组。暇港村分为四个生产队，开始时队长分别是胡文安、胡桂安、胡瑞章、胡东本。每个生产队中有两个生产组，胡文安生产队的组长分别是胡道成、胡咪子；胡东本生产队中的组长分别是胡文本、胡时成；胡瑞章生产队的组长分别是胡仕华、胡柏华；胡桂安生产队中的组长分别是胡建安、胡财成。每个组约有农户八个，农业生产就是以组的形式来展开的。生产队长只管到两个组长这里。

胡有本回忆道："开初，生产组的社员劳动积极性不很高，许多社员有惯常的生产经营习惯，不愿搞集体，只愿单干，你硬性要求搞初级社、高级社，他们就软对付。有时生产队长、组长在乡里开会，他们出工时就会坐在田埂上怠工，会说：'你们干部开会有工分记，可以休息一天，现在你们也不知道我们是否在做事。'在耕作态度和方法上，许多社员没有与时俱进的新观念，缺乏闯劲，比如，不愿试种双季稻，不愿给稻田下肥，说肥料没有用，也不愿买化肥，就是分下来的购买化肥的指标也放弃不要，担心增加成本和减产，脑子中还是以往的耕作观念。"

高级农业生产合作社，是中国农民在历史上第一次进入社会主义公有制和集体劳动模式。这是社会进步的必然，同时，无论是对社员，还是对干部，都是一次前所未有的挑战。更何况，当时这种集体所有制规模都比较大，就新生高级农业生产合作社而言，整个高级社有六大村共 300 余农户，人们的思想情况复杂，集体生产经验缺乏，各方面的条件都较差。

面对这种情况，县、区、乡领导十分重视人的思想教育与引导，特别是重视对党员干部的政治思想培养，不断创造性地开展工作，主要策略是用党和国家的方针政策武装思想头脑，党员干部、先进分子积极带头，以能计分，按劳取酬，重视积肥，开垦荒地，兴修水利等。广大社员看到党员、干部、积极分子无私奉献的高尚精神，一次次被他们的精神风采所感染，久而久之，也提高了积极从事集体生产劳动的思想觉悟。

高级社时期对干部的要求与管理比较严格。当时，干部（社领导、队长、组长）除到县、区、乡参加专门会议以外，平时在村里开会研究事情，都不能计工分，所以当时很多会议都安排在晚上进行。当时任村大队长的胡有本回忆道："我当大队干部，没有多记工分，其他干部也是这样。我一年也只有2000多个工分，比村里工分高的社员要少"，"当时村里记工分最高的是胡仕安，他出工一天计9.9个工分，我出工一天计9.7个工分。"

他还讲到这样一件事情："当时绝大多数干部都是廉洁的，但也有个别干部出过问题，例如胡禄安。胡禄安有些文化，高级社时当过出纳，他曾利用职务之便，把集体的钱用来搞不正当男女关系。因少了钱，他不得不到高级社领导那里报告，说钱被贼偷了。我们质问他：'什么时候来过贼？'他说就在昨天，贼是从狗洞里钻进去的。干部们不信，狗洞怎能钻进人？便对他说，你说是狗洞里进来的贼，那么你爬进去试试看。之后有人试着钻狗洞，结果只能伸进去手，身躯无法进入。事实表明，胡禄安挪用了公款，还诬赖他人！于是社里决定开除他的出纳职务，并要他赔了款。"

高级社作为一个新型的社会经济组织，要不断得到巩固发展，其中的劳动分配制度就必须切实合理，为广大社员所认同、接受。当时，区别社员参加集体劳动能力的方法，就是在群众议论的基础上，对具体人进行以能定分：劳动能力越强的社员，定的工分就越高。例如，壮年男劳力，最高的每日定9.9个工分，一般的定9.8～9.5个工分，还有更低的；壮年女劳力，最高的每日定6.2个工分，一般的定6～5.8个工分不等。这里，表面上看是拉开了一定的差距，但实际上这个差距并不大，事实中，劳力之间的劳动贡献差别要更大些，特别是做挑粪、耕田、播种、收禾、推谷等重农活时，差别就更明显。生产队在粮食与货币的分配中，主要以社员家庭付出的总劳动量（工分总量）为依据。至年终时，生产队或组上的会计会算出各位社员的工分总量及平均工分的粮食或货币的分配量。例如，生产队或组总共生产10万斤粮食，社员付出的总工分为10000个，则每个工分能得到的粮食分配就是10斤，这10斤粮食也可以折算为货币来计算。这样，劳力强又工分多、而人口额定口粮总量不是很多的社员家庭就应得到一部分工分折算的钱，而劳动力少而人口额定口粮较多的社员家庭，就需要付出一定的现金去买口粮（这部分钱会转入工分多的社员家庭），这种农户叫"超支户"。

遇有"超支户"，会引起社员的关注，主要是有人怕部分劳动贡献不能兑现。胡有本回忆道，"遇到这种情况，组里或队里会开会商量，询问以工分分配粮食不够的农户，可不可以到工分多人口又较少的农户那里去欠账买粮食；或询问工分多而人口较少的农户，可不可以让工分少人口多的农户来赊账分粮。一般，人多工分少的农户都需要补出现金去分粮，以达到分配中的平衡。除基本口粮分配外，其余劳动产品（如红薯、黄豆、荞麦）的分配，常以劳动力贡献为主、人口照顾为次的原则进行。这样保护了社员的劳动积极性，但给人口多、劳力少的家庭带来不少压力。一些考虑全面、照顾大局的领导也常会给后者一些照顾。这样，社员们也不会有太大的意见，又体现了集体的道德关怀。"

在粮食分配操作中，新生高级社中的 6 个自然村，平时是各生产队各组各栽各的禾，各收各的谷。分谷时，则需要高级社的会计保管来统一经手。当时的保管员是欧家村的欧阳寿。秋天打禾分口粮时，欧阳寿总是跑到这村掌称；称完谷后，又被人叫到那村去掌称称谷，用土话来说，就是"他忙得手脚都搞不赢"。分粮中，也会出现一些问题。据胡郁文回忆，有一次，欧阳寿来暇港村称谷，生产组长胡道成有意加大风车扇谷的力度，使得许多饱满的谷粒也被吹到次品谷中，造成很大浪费。社员胡望华看见后心里很不愿，他端起一簸箕被胡道成扇出的谷，把情况报告知欧阳寿。欧阳寿了解后，马上制止了这种有损集体利益的不当行为；高级社调查后，胡道成这个组都罚了钱。

胡有本还谈到：分生产队时，有的社员不想被分去某个生产队，主要是顾忌人际关系，担忧心情不舒畅。遇到这种情况，只要社员自己提出调动申请，高级社领导一般都能予以调整，目的是稳定社员的情绪，提高其生产积极性。

十五、分给自留地

搞高级社时，依照政策，开始按人口多少平均分给农户自留地。自留地的面积，是按在生产队土地的总面积中的一定比例来核算的，总面积多一点，自留地的面积就可以多分一点，总面积少就少分点。其产权仍是归集体所有，农户只有使用权。起初，暇港村每个村民的自留地面积是 5 厘（1厘 =0.01 亩），邻边洞岭下村更多一些。各家除有自留地外，都另有少量的私有菜园子地，这种地是农家长期种菜所用的边角零星地，一般在田头、水岸边、山边旯旮处，不属于粮食生产用地范畴。在互助组时，田地是归各家私有的，所以就不需要分自留地；到初级社时，由于时间短，也没有分自留地的政策；但自搞高级社、人民公社以来，直到 20 世纪 80 年代搞分田到户时，就一直有自留地的存在，只不过面积会有所变化。农户可以自由使用自留地，如种水稻、红薯、大豆等作物。

十六、修凤形山水库（今"水坑水库"）、下山水库

高级社的根本工作就是发展农业生产。1956年，为了保障生产和提高粮食产量，当时的领导决定修建一些小型水库来改善灌溉条件。经过论证和动员，暇港村社员与哲山村的社员联合，男女共几百人，以手挖肩担的方式，修建了凤形山水库（图3-1）。不久，暇港村的干部社员齐出动，早出晚归战工地，又独自修起了库容量略小些的下山水库。这两座水库的建成，基本解决了暇港村前近300亩稻田及哲山村部分稻田的水源需求。至今它们依然发挥着蓄水灌溉的重要作用。

图3-1　凤形山水库（水坑水库）

十七、集体会战横斗水库

有了高级社，人们的眼界宽了，力量更大了，一些重大决策就会应运而生。据傅法宗、胡仕堂等人回忆，1957年上半年，赣中地区遭受严重旱情，给农业生产带来了严重影响，散落在众多山沟里的南安乡梧岗高级社更是如

此。梧岗农业高级社紧邻新生农业高级社，由中温、屋场、刘家、北门口、洞岭下、符家塘、垱下等村组成，有稻田近 2000 亩。这里的稻田全在山坑里，不仅一季晚稻大部分绝收，早稻也有不少面积严重减产。为战胜自然灾害，当年冬天，县、乡有关领导决定兴建梧岗横斗水库（图 3-2）。在上级的领导和县水利局的技术帮助下，南安乡调动多个地方的农民集体参加兴建横斗水库大会战。暇港村许多村民对这次会战记忆深刻。

图 3-2　横斗水库

横斗水库与暇港村相距 3 公里左右。据当时横斗水库工程指挥部办公室管理员傅法宗回忆，横斗水库设计中的库容量较大，堆建土坝的土方工程量也较大，当时又值寒冬，修建过程十分艰难艰苦，参加修建工程民工的主力是南安乡人，核心力量是就近的梧岗高级社农民，特别是梧岗附近生产队的农民。此外，上级还抽调了泗溪乡七八十个民工来支援，他们集中住在就近的中温村，工程指挥部则驻扎在屋场村，指挥部有一名技术员，几位施工员，一个负责做饭的伙夫，一位管理员。暇港、哲山、南门等村的社员在重点突击中发挥了重要作用。

据傅法宗回忆，修建水库大坝时，他自己是管理员，也是维修员，还负责协助指挥部领导给民工发挑土记录的牌子、筹办指挥部后勤伙食、使用与维修工地上的两盏大汽灯等事宜。兴修水库大坝的主要工作就是挖运土方。由于工期较短，指挥部决定无论天晴落雨都要开工，就是下雪也要干。为调动民工的能动性、积极性，指挥部根据男女劳力的不同情况，额定每个男劳力每天的任务是挑运 140 担土，额定每个女劳力每天任务是挑运 70 担土，每担土送到目的地时到施工员手里拿一个牌子，每天劳动任务结束以拿满额定牌子为准。这样，休工是早些或晚些，主要由民工自己决定。

为鼓舞精神，现场插着多杆彩旗，干部靠前指挥，近千名民工身影交错，人声鼎沸，宣传喇叭不断播出表扬先进和批评后进的信息。其间，领导若发现磨洋工或耍奸的懒汉，会立即对其进行督促批评。负责组织指挥的干部们虽然没有劳动定额任务，但忙完了开会、指挥等事情后，也要主动参加挖土或挑土的劳动，并起带头的作用。

为了加快施工速度，工程指挥部还调来邻近几个大村的突击队进行了几次突击集体会战。暇港村青壮年村民每次都应命而去。每次突击的时间为一天，社员去时吃好早饭带工具上路，中午在工地由村集体做一餐饭吃，下午完成任务后各自回家吃晚饭。参加过突击队的暇港村民胡仕堂回忆道："当时打突击就像打仗一样，干部社员都非常吃苦，冷天里汗水流个不停，头上直冒热气。那时大家都只想尽快把库坝建起来，没有想别的。"

傅法宗指出，施工进入高潮时，民工要经常晚上加班，干到夜里 11 点多才下班。加班时，工地上挂着两盏丝丝发声的大汽灯，把工地照得相当明亮。如果大汽灯出现问题，管理员傅法宗就会及时赶来维修。

傅法宗还特别讲道："修横斗水库时，因天气冷，大部分民工都不住在工地，而要天天来回。又因为集体不供饭，民工只好各自带饭去吃。带的饭菜到中午时候都会变冷，也只能慢慢嚼一嚼吞下去。梧岗邻近的民工也有送饭的，那是妻子在上午挑完任务回家做好饭再送来给丈夫吃。当时粮食又不够吃，大家就只好在粥里多放些青菜。有一个中年妇女，家里小孩子多，自己劳动强度又大，为了能在工地上抗得住，她掺了很多青菜在粥里，据知情人反映，她一次要吃足足五斤这样的青菜粥。"

经过一个寒冬的苦战，横斗水库的大坝终于在青山中露出了坚实的容颜，回想起往事，当事者们无不感慨万千。傅法宗深情地对我说："这水库真是靠人拼了命才修起来的，那时干部社员吃了恶苦，不然，这水库是难以修建起来的！"

在修建横斗水库的同时，南安乡还调动本乡的力量去修建炉前水库等工程，次年又在全县的支援下开始修建龙门口水库。

十八、积肥挖塘泥

在社会主义公有制确立后的社会主义建设高潮中，在党和政府的组织号召下，为了增产增收，暇港村社员和其他农村一样，在努力兴修水利设施的同时，还积极投入到轰轰烈烈的广积肥热潮中去，为粮食丰收打基础。那一时期，村里社员大办土肥的热闹场面，给村民及幼年的笔者留下了难以抹去的记忆。

那是1958年初春，天气比较寒冷，村里决定把村前水塘中的污泥作为肥料利用起来。干部一声令下，社员们迅速用多部水车将水塘的大部分水排去。在快要见到塘底的时候，聚拢在水塘窝底的各种鱼儿开始激烈地蠢动起来，雪白的鳞体在浑浊的水中一闪一闪的，不时溅起水花，看了着实叫人兴奋！

待把鱼捉上来卖掉之后，在干部、积极分子的带领下，社员们遂分路排队下塘。前面的社员将乌黑的塘泥铲在簸箕里，身后的社员马上躬身挑起就走，无论是穿了鞋的还是打赤脚的，都争先恐后地赶路运肥，塘窝里人头攒动，大家的吆喝声、壮胆声不断，一片大闹农肥的气氛！记得那些从未见过天日的乌黑塘泥，被密集地倒在我家屋前的坪地上，散发出阵阵的污泥味，其中有一些漏网的泥鳅、黄鳝会从污泥中蹦出来，被惊喜的我们捉了起来。塘泥被晒干后，会被挑到稻田里作为庄稼底肥。

十九、挖堂前土肥田

除了挖塘泥，各家堂前的黑土也曾被挖起来做肥用。这是当时缺少肥源而出现的一种增加肥料的土办法。据说，这堂前的土，因人们的脚长年累月踩久了，也会变得有肥力。挖出的黑土被挑到田里去，同时又挑田里的新土将挖的坑填满。如果堂前的土不是黑土，那么就不会再挖。

笔者清楚地记得，有一次挖堂厅土做肥的时候正是春天，是大青菜长胖菜头的时候，和熙的春风把门上残余的春联纸吹得哗哗作响，燕子在天空敏捷地飞翔着，不时拐进各家楼梁上的巢边张来望去的，我和伙伴们在家里不时地唱起大人教的俏皮歌谣："两个佬，吱吱搞，关起门仔来采菜头……"这时，我们听到在隔壁细公家挖堂前土的社员们不断传来的笑声，感受到了他们畅快轻松的劳动情怀。不久，笔者家堂前也被人们挖了一尺多深。当时笔者年幼不懂事，但心头怀疑：他们是不是到厅堂挖什么宝来了？怎么要在家里挖这一个大坑呢？

二十、南门风雪天积肥大会战

那时各村都组织了人进行积肥运动，整个高级社也组织过多村参与积肥会战。村民们记得，那是 1958 年大年初一，灰暗的天空中细碎的小雪及雪珠下个不停。彼时，由新生高级社组织的多村青壮年社员参与的挖挑塘泥大会战，正在南门村西的大塘处热火朝天地展开。该次会战的目的，是要把大塘中的乌泥铲起挑到几百米外的田里去。田里那边有专人负责数担数。现场参与者及围观的群众有五六百人，工地上插了多杆彩旗，还摆放了一面牛皮大鼓，宣传喇叭在呐喊声中不断播出表扬消息和注意事项，劳动人流涌动的场面很是激动人心。

这其中，最受人瞩目的是各村青年男女突击队参加的挑肥竞赛。在这充满寒气的雪天里，为鼓足干劲、争得荣誉，突击队中的许多女青年竟然在现场的宣传鼓动下发狠起来。为避免汗水湿身粘衣影响干活，她们纷纷脱去棉衣，只着单衣挑起塘泥担子一路小跑起来，奋力和其他突击队员比拼，博得了现场干部群众的阵阵喝彩。此时，天空正飘着淅淅沥沥的小雪，而工地上却热气腾腾，社员们个个精神激扬，加上喇叭声、大鼓声的助势，使得积肥大会战的气氛达到高潮，给所有目睹者都留下了难以忘怀的记忆！

二十一、皂港山开荒种红薯

高级社时期，村民的粮食比较紧张，为了尽量满足国家统购粮食的需要，同时增加食物供应，暇港村人还灵活结合实际，把红薯、豆子、荞麦等杂粮作为家里的辅助粮食，想方设法形成生产规模。也因此，每年夏收后，生产队或组都会拿出一部分土质肥沃的稻田来种红薯，秋收时红薯都能获得丰收。邻村皂港山上荒地广阔，土色紫红，种出的红薯又脆又甜，品质特别好，产量也比较高。村干部了解情况后，经过与上级领导的协商，果断带领社员开拔皂港山开荒备种红薯。

经过整土、栽苗、除草等程序，那里的薯苗果然长得绿汪汪的一片，中秋时，许多条畦隆起的裂缝中，隐约可见红薯的大块头。收获时，社员们从那里挑回一担担又大又红的红薯，倒在村众厅地上形成一个大堆，等待会计保管来算账分秤。梧岗高级社统计员傅法宗回忆道："当时上面规定是 500 斤红薯抵 100 斤稻谷。"红薯丰收时，人们个个喜气洋洋，同时，跟上山捡红薯的孩子们也个个兴高采烈的，他们几乎都捡了一大篮子队里遗弃的"根根"小红薯。这些"根根"小红薯看起来不起眼，蒸熟后却也一样香甜可口！

当时，由于集体分给村民的红薯较多，一时难以消费，于是妇女们就把多余的红薯洗净刨开煮熟，用晒垫晒成干软的红薯片储存起来。那时，村边霜后的稻田里，铺满了晒红薯片的晒垫。在和煦阳光的照射下，四周散发出一股淡淡的熟红薯片的香气，稻田泥土也似乎在这香气中变得温软起来。这丰收后的美好场面长久地印在笔者的脑海中。

二十二、办村托儿所、幼儿园

办高级社时，在党和政府的关怀重视下，为更好地解放妇女，释放更多的劳动生产力，暇港村和其他农村一样，在轰轰烈烈搞农业生产与建设的同时，还非常重视培养后代的工作，用集体的力量办起了托儿所、幼儿园。

暇港村从未有过托儿所、幼儿园。为取得相关经验，新生高级社领导派暇港村青年妇女干部王秀英与南门村、哲山村的另两位青年妇女，步行20里前往罗坊的陈家闹村参观学习。了解到陈家闹村的经验后，她们就各自在村里创办起托儿所、幼儿园。

暇港村托儿所、幼儿园地点分别设在雷公厅的下阙厅与上阙厅。据王秀英回忆，托儿所的负责人是胡爱本老婆，人们叫她"芦下人"（芦下村女子）。她个头不高，但体格板实，性情直爽，思想进步，工作热情积极，发挥了很好的宣传组织作用。当时，妇女出工多，托儿所不但白天有（工作），有时晚上（上半夜）也有，都是一些老大妈参与。同时，托儿所也有工作时间限定，如果母亲过晚送孩子到托儿所，则要被扣去一些工分。王秀英强调：那10多个老大妈都年纪较大，但都把孩子带得比较好，托儿所的工作，如喂饭、喂水、摇睡床、摇睡桶、换洗屎尿片、晒裙子、剪花纸逗孩子等，没有出现任何事故，总是搞得井井有条。到秋天晚上，当妇女们要加班打禾时，往往会有一餐夜宵（红薯或米粉）吃，在班带孩子的老大妈也会分到一份。

村办的幼儿园只有一个班，包括彭家塘村送来的孩子共有二三十个，教师由女青年胡根香担任。胡根香是胡郁文的妹妹，她从村里夜校学完三册课文结业后，又由村干部胡桂安、胡友本推荐，到姚圩中学参加了每周一次的培训。培训结束后，她就成了村幼儿园唯一的教员。

在胡根香和笔者（当时是幼儿园的学生）的回忆中，雷公厅上阙原来比较脏乱，灰尘与蜘蛛网较多，经过打扫整理，地面、桌子、墙壁变得整洁起来。为了使厅房成为儿童的乐园，胡老师买来许多装饰的彩纸。装饰过的教室像一个彩色的浪漫乐园，有多条缀着彩色纸卷和彩色小旗的线交叉着，中间挂了若干个齿状的彩球。小孩们置身其中，个个喜笑颜开，心情十分愉悦。在这里，胡根香老师教学生们学唱《两只老虎》等儿歌，教学生们学剪纸、做彩卷，教学生们手牵手做游戏，带孩子们外出去踏青。

笔者清楚记得，有次老师带孩子们下山去游玩，一路上绿的叶、艳的花、青的草、深红的泥土，引得大家既好奇又开心。幼儿园除有这些活动外，老师还领着孩子们去禾田里拾过禾穗，将集中起来的禾穗加工成米，买了一些菜，给孩子们弄过两餐饭吃。那时侯，孩子们的衣着、饮食虽然比较差，但却天天像拥抱春天一样欢快。村幼儿园持续办了近4年。

二十三、办夜校文化扫盲班

1956年建立高级社后，党和政府为提高群众的文化素质，及时做出了大力扫除农村文盲的战略部署，农村迅速掀起文化扫盲的热潮。在暇港，扫除文盲的主要工作，就是按上级要求办妇女青年文化扫盲夜校，扫盲的主要目的是教青年妇女识字（男青年没有参加）。

办文化扫盲班的地点，原本想安排在附近小学所在的大庵房里，因小学的教室不够，只好把地点暂时挪到村里上房厅的上厅来。据扫盲班教员胡郁文、学员胡根香等人回忆，那时国家要求扫除文盲，还发出了向科学技术进军的号召，我们村迅速办起了文化扫盲班。当时，上面下发了县教育局印发的专门课本，分一、二、三册；还有识字课文，内有1500字左右。同时，上面对教员也有要求，村里还专门派胡郁文到新余参加过全县扫盲布置工作会议。扫盲教员除了胡郁文，还有胡承业。胡郁文在1956年上半年从姚圩小学毕业后，就义务担任村夜校的教员。扫盲的教学时间主要安排在农闲的下半年，到了农忙即停止教学。上课的时间，一般安排在晚饭后一个多小时里。当时，上房厅的上厅中只有一块黑板、两条大凳，教学条件十分简陋。但这并没有影响青年妇女们学文化的积极性。据胡郁文回忆，经约定，每天晚饭后，她们就都各自带着小桌子、凳子，端着小油灯赶来上房厅学习。小油灯大都是用墨水瓶放入铁皮包芯的管子添油后做成的。由于当时厅里没有大灯，胡郁文老师提着一盏马灯赶来上课。上课时，胡老师的马灯和学员的小油灯各自闪耀着光芒，学员们跟着教师读拼音，学写汉字，没有人开小差，形成了文化扫盲的动人教学情景！

胡郁文还记得：办一个扫盲班，一般有二三十个人左右，连旁边一些村庄的人也来学习。上课内容主要就是教识字，虽然大家的文字基础几乎是零，但由于都较认真，教学效果还不错，多数学员能在学习中认得800～1000个字，有的还能懂得一些简单的语句与语法。这其中的积极分子，有义良妻子余春秀、冬本女儿胡五香、富贞女儿根女、能安妻子温秀英、郁文妹妹胡根香、生安妻子王秀英等。胡郁文强调:"我白天到队里参加集体劳动记工分,晚上来夜校做教员,完全是义务的,没有想过要教员的工分。夜校持续了近两年时间。"

二十四、办暇港村南港小学、南港农业初级中学

暇港村有托儿所、幼儿园、夜校等集体办的托管及教育机构,同时,由于特殊的地理位置及庵房房间较多,这里还诞生了完整的公办教育学校。

据原南港小学教师胡郁文回忆,新中国成立前,整个新余县只有一所公办初中,开设在县城魁星阁处。新中国成立初期,新余县也仅有该所初中。1954～1956年期间,南安与邻边的姚圩、泗溪这三个地方,也仅姚圩街上有一所完全小学。1957年,南安乡在哲山村开设了一所一至四年级的初级小学。1957年9月,该小学搬迁到暇港村,以庵房为主要校址。不久该小学由初级小学扩大为高级小学(一至六年级都有),取名为"南港小学"(当时为南港乡)。它是全乡唯一的一所高级小学,是南港地区的核心教育机构。

有了南港小学后,由于政府对教育事业的重视,其学生数量也迅速增加,庵房容不下这么多学生上课及教师居住。于是,乡政府就出面借用暇港村的一些众厅和民房。正是这样,暇港村的上房厅、下房厅、胡国顺土屋及下房的一些民房,经过打扫整理,都成为了学校教学的场所,教师的食堂也设在胡国顺土屋中,部分教师还住在土屋的厢房中。直到后来庵房那边挖好了一口水量较大的水井,教师食堂和住在村里的教师才搬了过去。

1958年9月,上级决定开办南港农业初级中学,其校址和师资都暂时和南港小学搭在一起。农业初中的生源从南港小学中招收。开办之初,农业中学只办了一个初一班,学生有30～40人,师资方面配有公办教师、民办教师各一人,中学的公办教师就是暇港的中学毕业生胡承业,教室安排在上房厅的上厅里。中学设置的主要课程是语文、数学、化学等,没有体育、音乐等课程。上下课的清脆钟声,都是由挂在村边的一块被敲响的钢轨发出的。待到1960年,南港农中搬迁到黄溪村,那时学校开设了两个班,有学生60～70人,专任教师3人,其中2人为民办教师,其待遇靠师生勤工俭学的创收解决,当时工资水平较低,每个教师的月工资才30多元钱,通过勤工俭学创收能够解决。再以后,南港农中又搬到了较偏远的饶家村,那里建有简单的校舍和农田实验基地。又经过了10多年,学校最终在那里被撤销。

在南港小学和南港农中落脚暇港村期间，受"尊师重教"传统观念的影响，暇港村民给予了很大的支持和帮助，村民们大方地腾出房间供学校无偿使用，教师常和村民亲切交流，到村民家购买蔬菜、鸡蛋等，期间没有发生过任何不愉快的事情。现在一些在外地的教师回忆起这些都十分感慨，这也许就是那个时代人心淳朴和尊师重教的风貌吧！

二十五、参加兴建龙门口水库

1957 年上半年的旱灾使粮食生产严重减产，给新余县政府以及广大干部群众以深刻的思考：农业要丰收，粮食生产要稳产增收，水源保障是命脉。没有充足可控的水源，要大办农业与粮食是难以做到的。

据原新余县水电局局长黄国屏回忆，面对旱灾的巨大威胁与危害，新余县政府在南昌地区专员公署的统一筹划与支持下，经研究做出重大决定，即在南港乡所在的长坑顶端，修建一座蓄水量 1000 万立方以上的中型水库，取名为"龙门口水库"。该水库蓄水后，可为坝下近 30 个村庄的 2 万多亩农田提供灌溉水源。这其中，暇港村可受益的农田面积约 900 亩。

修建龙门口水库主要分两个时段：1957 年冬对坝库地址进行了清基；1958 年至 1959 年正式挖基和堆建大坝，之后还有一些补修大坝的工作。

第一阶段：1957 年冬对坝库地址进行清基。

龙门口水库坝址位于南港所在大坑西南的顶头，那里是蜿蜒在大坑中的小江的发源地。发源地山中像手掌般分出了"东坑""西坑"等四五个山凹坑，主凹坑中央的小江边，有一条小路及少量的农田和水塘，此外多数地方都长满了遮无蔽日的枫树、荷树、樟树等乔木，以及茂密难进的竹丛、灌木丛，且小江边淤泥不少。新中国成立前，解放军曾在这里打过仗。为选好水库坝址，新余县水电局派技术员胡自强、胡明显到这里进行仔细的地形勘查测量，经过多方面评估，认为此处很适宜建水库。于是，他们将坝址定在藏着几个山凹坑的东北处两个山巅之间，中间隔有 300 米左右的距离。

龙门口水库的坝址绝佳，但工程量也相当巨大。建坝必先清基，把坝址处众多的树木根兜、淤泥、软土统统清走。当时县、区特地抽调多个乡的高级社的中老年社员前来施工。中老年社员做事经验多，清基的事会做得更稳当些。1957 年下半年，暇港村应命派出几十个社员挑着铺盖和工具前去参加清基。他们寄住在旁边的村庄里，在干部的指挥带头下，每日奋力砍树、挖兜、开路、挑烂泥、搬石头，几百个民工齐心协力，终于在快到年底时，将大坝基础的清理工作圆满完成。

第二阶段：1958年至1959年兴建大坝。

1958年收割完早稻后，声势最大的龙门口水库大坝兴建工程正式启动。据黄国屏回忆，在这个大工程面前，县里领导高度重视，要举全县可能之力来应对，及时组建了由县水电局人员和各乡参建负责人组成工程指挥部人员。参加工程兴建的民工，分别来自县里的10多个乡，其中南港、姚圩、泗溪三个地方的民工是主力，罗坊也派去了不少民工，其他各乡均是以一个一二百人的中队规模去支援参战的，均由乡社领导干部带队。参加工程施工的民工，大都是20～30岁的青壮年男女。工地上常有三四千人施工。

由于民工较多，工地附近的洲上村、路头村无法住下，于是就在村外平缓地、山地搭起了许多简单的民工住棚。住棚都是用竹子作为支架，用稻草扎成一个个的秆排，紧密盖上即成。棚内有用竹子扎成的排铺，上面盖有竹片，垫上稻草，再铺上民工带来的草席和棉被，即成了民工的床。

关于民工吃的方面，胡仕堂、胡有本回忆道："我们1958年开初修建大坝时，我村去了半数的劳力，吃饭三餐都是靠甑吃，不限量；到1959年补修时，开始用小秤称饭吃，每餐无论大小，都是一人一斤三两饭，吃的菜多半是南瓜、豆腐，八个人再分一份菜吃。"不久后成为县水电局局长的黄国屏回忆道："参战的各公社民工（1958年11月起，'乡'开始改为'人民公社'）去修龙门口水库时都是自带定量米去的，只是不带菜。米若不够吃，由各公社及时补给，菜钱由各公社出，有时也由各大队出。当时所吃的多数菜，要到20多里的罗坊或姚圩的集市上去买。一个星期有一次或两次猪肉吃，钱也是由各公社出。干部与民工一块同住同吃，饭菜都是每八人分在一起，用脸盆盛着，有时一餐有2个菜；大多数民工都没有桌子，就蹲在地上吃。我当时是水库工程部总指挥，我们指挥部的人员也是吃分碗菜，即食堂把菜分在小碗中，然后由各人去拿取。"

据胡仕堂回忆，暇港村派出修建龙门口水库大坝的社员大多数是青壮年男女劳力，占了村里全体男女劳力的一半，并且会不断轮换。和其他地方的民工一样，他们都经受了十分紧张的艰苦劳动的考验。据胡仕华回忆，那个宏大的工地上，彩旗飘飘，宣传鼓励的声音不断，大家都忙碌在各自的岗位上，有的挖土，有的铲土，有的挑土，有的推板车，有的打夯，干部带头，社员紧跟，人头攒动，热气腾腾。

胡义良回忆道："修龙门口水库时，南港公社组织了青年突击队，队领导是洋江村的王高成，村大队长胡有本听说我从萍乡回来了，就动员我去参加突击队。每天天刚蒙蒙亮，安置在山壁上的大鼓就被敲响，我们就马上起来吃饭上山。大队青年突击队只有15人，目的是要给大家作表率，做事又重又急，但大家都特别出力。之后，暇港大队还独立组织了一个由胡义良带头的八人突击队，成员中有能安、时成、林根等30岁左右的青壮年。由于突击队表现突出，他们在饭菜方面得到更好的照顾，还奖励过黄金叶牌的香烟。我是在这时被组织培养入党的，介绍人是胡有本。我们干了一个来月，到了农历十二月底，才从龙门口回家来过年。"

此外，1958年下半年兴修龙门口水库时，村里的一些青少年男劳力也组织过劳动积极分子群体，当时村领导指定胡仕堂带队。由于胡仕堂劳动表现突出，他在那里光荣地加入了共青团组织。

修建龙门口水库，不仅青壮年男性要参加，青壮年女性也有参加的。当时身为暇港村妇女干部的温桂英对此记忆犹新。她回忆道："1959年农历正月初二，吃了早饭，我们就赶去龙门口修水库。当时，为修龙门口的水库，像全民皆兵一样，除了带小孩的妇女、孕妇、手脚不麻利的老年妇女外，凡是吃了工分的，一般都要去，当时我们村有60户左右，有几十人上百个人都先后去了。""到了修水库的地方，我们被安排睡在洲上村的楼上，用稻草垫草席，草席、被子、碗、筷都是自己带，用的碗多是搪瓷碗，常用绳子把碗和筷子绑在一起，不易丢失。""在龙门口工地，我们主要是挑石头，用它来铺大坝面。那时天天要去，大都没有鞋穿，穿草鞋和胶鞋的人员是少数，多数人打赤脚，很多人的脚都冻得发紫，但大家都不计较，劳动热情非常高。施工地插有许多红旗，有人在现场不断吹喇叭，及时表扬和批评一些人。为了更好地完成任务，后来还采用了挑土发牌子的方法，来完成定量任务。这样做得快的人，可以早点回去，没有完成定量的，要继续努力去完成。当时一般是靠甑吃饭。早上天刚亮就吃饭，然后吹哨子出工；中午民工不返回住地，由炊事员把饭菜扛到工地来吃。吃的菜都是公家准备好的，不用自己带。当时我们一顿饭一般只有一个菜，或是水豆腐，或是南瓜，或是芋头，后来也曾早上吃过一餐稀饭。我参加过大队组织的女青年突击队，和哲山村部分女青年在一起，脱去棉衣挑土，有时一次挑三担，大家争先恐后，加上广播里表扬，都为争得光荣拼命挑。""去龙门口修水库，上面没有发给大家报酬，只是各自到自己的生产队里记工分。"

暇港村参加龙门口水库修建的人群中，也有个别是来顶人数的少年劳力。据当时只有十六七岁的胡自成回忆，修水库时，他住在离坝地较远的路头村。那时村里村外到处都住着修水库的民工。修坝的土需要不断地被压实，当时由四人提起筑土的圆木夯，还有用水泥做大滚子夯，他当时负责放养的十几头水牛，就是用来去大坝背水泥大滚子的。他还清楚记得，每天天刚蒙蒙亮，一个叫胡秋芳的哲山干部就会到处拼命地吹哨子，喊"起来呀，起来呀！准备出工啰……"

兴建龙门口水库时，一些家里生活压力大的民工更为辛苦。胡仕华家里小孩多，妻子压力大，在工地劳动的他有时不得不晚上起早赶回家，做完急事后又返回赶出工。他认为，这样只是自己累些，但白天干活更安心。面对这事，当班长的花溪村人龚冬生有看法，向队长反映，说他老是夜里回家不请假。对此，胡仕华有不同看法："我没有误工怎么要请假呢？我不违纪，不违反政策，不缺工，不偷懒，只是晚上回家做了点急事，又没做别的什么。"他记得，到12月时，屋里没有菜，需要做霉豆腐，没办法，他有时只能夜里赶回家做事，然后又马上返回。他说，那时年轻走一些路不吃苦，走路也好像跑路一样，来回一两个小时，只是少睡点，身体还吃得消。

到1959年底，龙门口水库主体工程基本完成。之后，又经过多次的加固补修。与此同时，水利人员又开始测量和组织开挖延绵近30里的引水渠道，主持水渠路径选择及做测量技术的是我父亲胡自强。我父亲是1956年被招进县水电局的。他先在局里参加了3个月的学习培训，又在南昌培训过，然后开始水利技术实践工作，曾长期在龙门口水库管理所供职。约在20世纪60年代，童年的我曾有几次到过龙门口水库修建工地。有一次走到那里，只见水库坝下的大田坑里，到处都堆着施工用过的土车、大板车、小板车、木夯、水泥滚子、土箕等之类的工具，真像是一场修坝大会战遗留下来的痕迹。抬头望着高耸的大坝面，上面用石头镶着"征服自然　人定胜天"八个大字。那时，我的内心被深深地震撼了。那宏大场面，至今还依然印在我的脑海里！

龙门口水库修建起来后，实践证明，对整个南港地区的农业生产起到了至关重要的保障作用。老社员胡意辉评论道："这样吃苦修水库还是好，先苦后甜，不这样下功夫修水库，天旱的年份你种田还能旱涝保丰收？这个水库修得好！"可以说，南港人永远不会忘记龙门口水库的恩惠。提及此事，参加过水库修建工作的人们无不充满感慨及怀念之情！

二十六、参加县大型水利灌溉工程袁惠渠兴建

袁惠渠是新余县的一个大型引水灌溉工程，取水于江口水库，流经多个乡镇，于1957年8月动工兴建，到1958年3月，第一期工程的总干渠和北干渠竣工，投入灌溉运行，1958年5月动工兴建第二期工程的南干渠。该

干渠流经姚圩乡南边，多地民工参加会战，暇港村也有部分社员被派去支援建设。据参加过支援建设的胡仕堂回忆，袁惠渠兴建工程是由军队干部管理的。他开始赶到工地时，只见那里搭的各种茅棚有几里路远，几百上千的民工聚在规划路线上，挖的挖，挑的挑，旁边插着许多杆彩旗，喇叭里放着十分动听抒情的歌曲，让他感到工地气氛既紧张又十分激动感人。他们放下行李后，就拿起工具直奔作业面。大家在劳动中都倾尽全力，没有偷懒的，都是汗流浃背。

他还记得那里的伙食情况：起初是由食堂师傅给民工称饭吃，后来改为开甑吃；有时菜还没有炒熟，扛来的一甑饭就被大家吃个精光，待后来送来菜时，大家又接着吃，一些人的肚子被撑得鼓鼓的。1959 年 7 月，该工程竣工，顺利通水。

二十七、村里留守妇女的贡献

1958 年早禾收割后，村里许多青壮年男劳力甚至女劳力都被调去参加炼钢铁、修龙门口水库等建设，各生产队中的劳力显得紧张起来。在这充满激情的年代，为保证重点建设与农业生产两不误，留守妇女社员勇敢干起男人留下的各种繁重农活。她们以自己的意志和奋斗谱写了美丽的人生篇章。

当时的村妇女主任王秀英对我回忆说："很多男劳力外出了，在家的妇女就承担了这些男劳力留下的农活。1958 年深冬时，天气很阴冷，为赶完农活，每个生产组长都分了几个青年妇女参与犁冷水田（割禾之后长期被冷水浸着的稻田）。下田不久，天就飘起了小雪，一片片地飘下，我和你母亲熊桃英、国平老婆刘家人一起，犁彭家塘门前的那丘'六斤'（三亩）的田。不一会儿两只脚就冻得通红，又不时地被冷土疙瘩滑着，有时冷得真想到田埂上站一会，但想到当时各地都在大办农业，我们就都忍着坚持下来。带着牛回家后，我看见吃穰时牛还冷得不停地打抖。""有时生产队要打禾，我们妇女一个晚上就打完一个禾堆。有部分禾田在五六里路远的横斗坑里，我们妇女就当天打完一个禾堆，然后用板车把谷推回家。不推板车的妇女会挑着谷回来。一些带小孩子的妇女往往跟不上队伍，但仍然要赶着去。那时的妇女真是能吃苦！"

她还记得，男劳力大部分去修水库了，因公粮较多，妇女肩挑送公粮的任务一时变得繁重起来。她们经常下午五六点钟时启程，各自挑五十斤、六十斤、七十斤不等，来回有三十来里路，一路上汗流个不停。有时公社还组织村里妇女挑瓦，送到十多里外的姚家越里去。这时和送公粮一样，一路上人碰人，很晚才回家。面对这些生活挑战，当时大家都认为这是要面对的。不这样，当时国家的建设就搞不好。

王秀英还解释到，妇女那时能吃苦，与新中国成立有关。新中国成立后，妇女的眼界宽了，胆量大了，不再只守在家里，开始反对包办婚姻，反对缠足，被鼓励积极参加劳动和社会生活。还是在农户单干时，政府就派妇女干部来村里组织唱歌跳舞，村前村后的青年妇女都去了，一路上跳秧歌、敲锣，呼喊毛主席万岁。队伍从哲山村出发，先后到皂港、溪口、东洲上，然后返回，呈现出一片新的精神面貌。

她在回忆中强调：她当妇女队长时，为了善待妇女，注意根据实际来帮助妇女们适应新生活。例如，胡印华老婆缠了脚，不会耘禾，就让她跟着丈夫学着耘禾；恒安老婆缠了足，下不了水田，就分工让她去割菜，慢慢地适应劳动，使她以后还有去幼儿园带孩子、上山砍柴的能力。妇女队长温桂英回忆到，办集体食堂时，妇女干的一些活不比男劳力轻松。为了给食堂打柴，早上妇女们不等天亮就上山，连一些还在哺乳期的妇女也去了。

胡仕堂对 1958 年与 1959 年时的生产情景的回忆，也佐证了那时包括留守妇女在一起的所有留村社员的艰辛。他说："我后来从水库工地回到村，负责组织和督查队里的生产劳动。那时，留下来的社员不仅白天要出工，挨到农忙时，几乎每天晚上大家都要加班，在地里做几个小时的事，很少有不加晚班的情况，真是日战夜战的。那时生产任务重，收割早稻之后，虽不要求种双季稻，但每个队都要种上豆子一百多亩，荞麦二三十亩，油菜二三十亩。这时的妇女劳力什么事都要做，在生产中发挥了很大的作用。"

当妇女思想解放后，做事几乎同男社员一样，有魄力、有韧劲。胡户良老婆溪口人回忆道："那时我们做事就一心做事，没有别的想法。我 1957 年结婚，1958 年去龙门口修水库，跟男社员一样拼命挑土，不断听到喇叭里的表扬。那时也不会想到自己是个女的，敢跟男人做同样的事。1959 年继续修建龙门口水库时，我们女青年也要去，没有房子往，就住在临时搭建的棚子里，有时棚子里空间很紧，于是就安排男的睡这边的排铺，女的睡在对边的排铺。那时经常开夜班挑土，我们妇女也是跟着这一路挑土去，另一路挑空土箕回，汗粘着扁担，不少女青年还一次挑两三担土，得到了领导和大家的赞扬。"

二十八、吃集体食堂

1958 年夏收之后，暇港开始办集体食堂。办集体食堂是当时强调"一大二公"共产主义精神及同心协力办大事的具体体现，客观上也为干部群众甩开膀子干一些公共大事提供了支持条件。

胡仕华回忆道："办集体食堂这事，是新干县那边先搞，不久新余县这边也开始搞。这是当时政策的要求，各地均要执行。"

畷港村搞集体食堂时，不准各家起火做饭，私人的部分菜地也归到了集体，集体种菜，集体养猪，队里分了哪几个人种菜，哪几个人养猪。开初，全村起了食堂，两个生产队共一个食堂，分别由胡法安、胡怡本主厨，厨房分别设在上房厅和桂本老土屋中。每个食堂都用大盆锅煮饭，用大锅炒菜。

村食堂开始后的一段时间，米饭是定量分给村民吃的。据胡义良回忆，分饭时由为人忠厚的胡香堂负责打饭，每人一碗。有时，有的人吃得快，吃完后又挤去要一碗，老实点的人被挤在后面，往往难以及时打到饭。后来分饭的方法有了改变。

村食堂定量吃饭一段时间后，粮食大丰收，于是，各村食堂开始打开甑来吃饭。那时，又恰好在兴建龙门口水库，外出做事的人能到各个村的食堂吃到饭。老人们都笑着回忆说："那时，只要你是为公办事，走到哪里都可以吃到饭。"傅法宗回忆说："南港乡东边的杨家村民工赶去龙门口修水库，一路上就吃过几个村集体食堂的饭。"当时，要办的公共大事较多，也比较艰巨，办集体食堂也有一定的必要性。胡仕堂回忆说："如果当时不办集体食堂，那么龙门口水库也是修不起来的。因为当时多数男女劳力都到龙门口修水库去了，村里剩下的人只有靠食堂才有饭吃，不然会饿死一些人。"

集体食堂搞了一段时间后，外出的社员多了，粮食供应减少了一些，两个食堂合为一个食堂。吃饭问题开始紧张起来，而且定量也较严。快到1958年底时，村食堂开始定量供给米饭了。王秀英回忆说："那时，一般早上吃粥，我家6口人，分4斤粥，没有菜；中午分4斤饭，菜是一个大人分一碗（各家带碗去），分菜的人用勺把菜打在碗里。当时集体养猪，有猪肉吃时，每个大人能分到一碗煮熟的猪肉，孩子没有，只能由大人分给他们吃。我们把饭菜端回家后，会在菜里再掺一些青菜进去，如白菜、笋子。那时私人家的菜地还有，我家就种了很多菜和黄瓜。"

在吃粥与吃饭的比例问题上，当时当副大队长的胡义良的印象是"吃粥次数少些，吃饭的次数多些"。

那时食物供应只有食堂。当以粥来当早餐时，村民们开始有了饥饿的记忆。因为那时食物比较单调，油水少，粥又容易消化，容易产生饥饿感。我记得，还是小孩的我曾拿着脸盆去上房厅食堂分粥，回家吃完后，弟弟和我争着用食指刮着脸盆上沾着的残羹吃,那时闻到粥与饭的味道,会有一种非常香的感觉。不少农家为了把这餐粥吃饱些,就在里头再掺些白菜、麦菜、薯丝之类的进去。大约在1959年的后期,吃不饱的现象似乎更多一些,这是因为,1958年全国农业生产不足,加上各地大规模基本建设对粮食的需求增多,使农村的粮食供应量有所减少。

1958年除夕的全体村民集体团年饭,给村民普遍留下了难忘的幸福感,尤其我们小孩。村老领导胡有本在被采访时高兴地回忆道:"我记得那次集体吃饭,是除夕团年的晚餐,一村人都来吃,地点在上房厅,上、中、下厅一共摆了20几桌!为了过年,村里事先搞了4缸米酒,买够了菜,酒桌上有鱼、猪肉、牛肉、海带、煎豆腐、藕等菜,食堂里弄熟了饭菜后,就叫人打鼓,开始吃酒。""只吃了这样一餐,初一是各家吃各个的。"

据胡仕堂回忆道:"农历1958年十二月底的一天,我从龙门口水库工地回来,一屋(村)人都在上房厅下团年。当时是法安、怡本的厨师,派有一些妇女洗菜,禄堂负责从缸里取酒,派我用茶盘端菜上桌,一个茶盘上放四五碗菜。那一餐,人人吃得喜欢!"

在笔者的记忆里,那次全村大小在上房厅团年,感觉特别的奇特和幸福:满众厅摆满了放着酒菜的桌子,中间站满了人。我家被安排在下厅一张用圆形大寒箕当桌子的旁边。那大寒箕里,摆满了用大碗装着的香喷喷的年货菜。吃的时候,大家个个开心高兴,喜笑颜开,真是一个热闹的大团年,尤其是吃酒时,小伙子把大鼓擂得阵阵响,我的心激动得简直要跳出来似的!

村里办集体食堂,大锅灶必要烧硬柴(叶柴无法使用)。为保证供应,各队每天早上都会安排一部分妇女上山挖树苑,用粪箕挑到食堂旁边来。后来对硬柴的需求量较大,就派男劳力上山砍松树,制成劈柴来烧。由于持续时间较长,山上许多大松树就这样被砍掉了。曾记得,被劈开的松树木片,一块块被搭成井字形柴堆,露天晒着太阳,微风会给我们送来一股股清淡的松木香气。

那时,南港公社的干部对集体食堂的情况比较关心。胡有本回忆说:"有一次,新上任的公社书记何方本来到我村,他查看了食堂情况后,皱着眉头问厨师胡法安:'你这个粥稀了吧?社员吃了能生产吗?'胡法安回答:'没有办法,就只有这么多米给我。'在旁边的会计胡美良说:'一次只能煮这么多,超了就会没有米吃。'何书记问:'大队哪个当干部?'法安就把我叫去,他问:'这个粥多下点米可以吗?'我说:'多下些米不可以,那样会超过定量。'于是何书记指着我：'你对他们说，让多下一点米。'结果粥变稠了，超量的米何书记到县里批了一些补进来。何书记看到食堂的菜油水太少了，他又从县里弄了一些油来。当时他是县委委员，大家对他都很尊重。"这件事，也得到了梧岗大队干部傅法宗的证实，他记得，何书记那时为多个大队都调来了米和油。

当时集体食堂粮食不足，与定量供应有关，也与一些本地干部不能切实地执行政策有关。据妇女干部王秀英回忆，新生大队开初时，我们村的口粮是哲山村的领导来分配的。那时，上面派下一个县里干部来公社，住在国顺土屋里。他看到群众吃的饭稀了，就叫煮饭的人多放些米。但结果还是没有多放。可见，当时的地方干部在用粮问题上思想压力大，未能切实灵活地执行政策。

村集体食堂办了两年多，因难以适应形势发展和群众要求，最后只好解散。三年困难时期，为了保障国家所需的征购粮，农村用粮更显得紧张起来。不少人口多、粮食定量少的家庭为了补充集体食堂所分食物的不足，需要想方设法弄一些其他食物来填肚子，如去山里采摘一些坚果来吃。有一种叫"板子"的果实，经过去壳加工后，可以制成"板子豆腐"，其渣味较涩，但为了填饱肚皮，一些农家就把板子渣混在饭里来吃。那时，我记得吃过母亲用草籽（稗）原料做成的饼。这种草籽平时人们是不吃的，但缺粮时它可以裹腹。草籽饼的做法是把田里的草籽收集起来，用锅炒熟，然后磨成粉，再用水搅拌成形煎成饼。也有人把掺了一些大米的米糠煎成饼来吃。这种饼十分饱腹，难以消化，不少人吃了难以排便，一些消化力差的小孩更是。我记得，这种饼吃过几次后，就没有再吃了。

办村集体食堂时，集体也养了猪，还建了一排矮矮的猪圈屋，分人专门负责饲养。由于缺少饲料和精心照料，养出的猪都长得很瘦，不少猪中途就死了。我在游玩时，也好奇地看过村子北头的那些猪圈，感觉到猪圈过于简陋，远不如私人家猪圈干净保温，特别是暑天和寒冬时，猪养在这里很容易得病。这是当时没把猪养好的重要原因。

胡永华回忆说："那时我村直接饿死人的情况没有，但长期营养不良导致个别人生病死亡的情况是有的。"

胡仕华回忆说："我们这里没有饿死过人，但是乱吃了一些东西（如草子、菜叶、糠掺在饭里），就会出现问题。多数情况下吃还吃得饱，但乱吃了就会生病。因为没有粮食吃而饿死了人的事，我还没有听说过。"

王秀英回忆说："那时还独没有听到饿死人的。这几年中，我住屋前的雷公厅里没有放过棺材，背里后房也没有听说有人饿死的。如果有人饿死了，我们都会知道。当时小孩的粮食供应量是少些，但大人会省些给他们吃。所以当时虽然比较饿，粮食紧张，但还没有饿死人的情况出现。"

二十九、修建龙门口引水渠道

在修建龙门口水库的那几年中，引水渠的测量选择和开挖工程也在紧张地进行着。兴建引水渠道，需要懂地形的技术人员来测量，而恰好，我父亲胡自强就是这条水渠的测量者和带队人。我父亲身材较高大，身架稳健又灵活，解放前受过小学至初中阶段的教育。修龙门口水库时，作为本地人，他是工程设计的重要骨干；兴建近30里长的引水渠道时，是由他一个人负责设计选择和技术监督施工的。

父亲是很有事业责任感的人，还是小孩的我经常见他很早就出去，很晚才回家，还经常感觉到他很久才回家一次。他的身上，总是背着一台包装精致的测量仪，肩扛着测量仪底架，让我感到他做工作与精细仪器技术相关。跟随他协助工作的几位年轻人，如暇港村的胡克亮、阳家村的欧阳桂、漕家洲村的龚华星等人，则总是扛着一个大标尺，并带着一些标杆、红漆写号的竹桩、油漆瓶之类的东西，跟在我父亲后面跑。为使引水渠道能灌溉到尽可能多的农田，他经常在蜿蜒的山边来测量和定位，在茂密的丛林里钻来钻去，寻找最佳测量点、定位点。

开挖渠道时为保证质量，父亲常要带着测量人员和民工在一起协调工作。在修建彭家塘山背一段经水渠道时，工程量相当大，为此，我父亲就住在彭家塘村民家里，我与母亲也跟着住了一段时间，所目睹的情景给我留下很深的印象。那段引水渠道所在地层特别坚硬，尽是黄色的"钉仔土"，开挖需要消耗很多工具和炸药。在当时的情况下，领导决定在彭家塘众厅安排铁匠做维修铁器工具的工作，两个铁匠是来自邻近南门村的胡连顺夫妻。后来由于炸药紧缺，领导又决定自制硝药来满足爆破需要。该工作比较危险，由彭家塘生产队的胡水章负责。由于缺乏专业安全意识，他做炸药时有时竟也待在打铁的众厅里，之间仅是相隔短短的几米。有一次，胡水章所炒的硝被打铁溅出的火星燃着了，顿时"轰"的一声巨响，硝药迅速引爆，屋顶瞬间被冲破，胡水章当即受伤倒下，两个铁匠被震了一身炭灰，幸好还都未有大碍。我当时闻声赶来目睹了这次事故。

平时，我常跑去开挖水渠的工地上看热闹。那开挖渠道的工地上，总是插着许多高高飘动的彩旗，有几百名民工在那里紧张工作，有的用镐挖，有的负责上土，有的负责担土，有的装引线、雷管，有的打洞放炸药，有的在商量指挥，干部和群众干在一起，人声喧闹不已。休息期间，会有人挑着开水桶到工地来送水。不记得过了多久，那山后一条深得有点吓人的水渠便展现在大家眼前。看到水渠的诞生，我父亲的脸上总会洋溢着惬意的笑容。

2016 年 8 月 8 日上午，我在南门村搞村史调查，恰巧遇到在超市门口晒太阳的几位高寿老者，其中就有当年跟随我父亲协助测量水渠路线的欧阳桂老人。他回忆道："修龙门口水渠时，我端着标尺帮助你父亲测量东西两干渠，天天跑来跑去，早出晚归，测出龙门口水库出水处到 30 多里远的杨家的高低差为四五丈。那时，我们吃饭是派到农家去吃，测量到哪里，就在哪里的农家吃。米饭尽量吃，每餐交 0.15 元伙食费、4 两粮票给农家，农家不要也要给，不能不给。一天 0.45 元伙食费，国家补助 0.3 元，自己出 0.15 元。同时，自己也有工资发。那时按文化程度来拿工资，大学毕业 34.5 元 / 月，高中毕业 28.5 元 / 月，初中毕业 24.5 元 / 月，小学毕业 18.5 元 / 月，我 28.5 元 / 月。那时大前门牌香烟一包价格 0.5 元，飞马牌香烟一包价格 0.3 元。修龙门口水库和渠道，农民吃了苦，全部是用锄头、扁担、粪箕挖起来的、挑起来的。"

三十、兴建暇港下山水力发电站

龙门口水库南干渠建成后，因水流量较大，有的地方水位差也比较大，干渠设计员、县水利局技术员胡自强（笔者父亲）依据自己掌握的情况，向县里提出了一份在暇港下山跌水塔附近分叉渠建一座小型水力发电站的建议报告。该报告基本内容切合实际，又符合时代发展要求，很快得到了县里有关部门的审批同意。

未隔多久，县里便将修建水电站的发电机、电线、磁闸开关、电表等东西运来暇港，集中放在我家隔壁的大公胡恒贞家的一间闲房里。由于发电机特别重，村里一二十人用一根杉木条徐徐抬进，费了好大力气才放妥在闲房中。当时，还是小孩的我临近仔细端详和抚摸蓝色发电机的外壳，感到它十分神奇与贵重。也因而，平时我总会自觉关心这间闲房的门是否已锁好，生怕它会出现意外。

建发电站时，县水利局派来了专业的技术人员，其中有一个姓简的木工技师，还有一个姓李的电工师傅。李师傅熟悉机电业务，主要负责发电站的机电安装调配等工作。简师傅年龄较大，为人沉稳，文质彬彬，工作时戴着一副眼镜。有一段时间，他天天在雷公厅用老樟木制作水轮机的多个叶片。

由于技艺精湛，他用工具制作出来的水轮机叶片十分圆滑美观。在充满老樟木香气的厅房里，见到简师傅那专心致志捣鼓水轮机的身影，围观的村民们对他都钦佩不已！

没过多久，发电站土木工程及宿舍建设完成，发电机被众人抬去安装，发电站配电房也被李师傅安装妥当，发电机与碾米机各在水轮机的一边落定。这日，南干渠的水被一条叉渠引进电站蓄水池。水蓄满后，发电房的拦水闸门被徐徐提起，不一会儿，轰隆隆响的水轮机通过传动盘，带动传动皮带让发电机的轮子有力地旋转起来。刹时，配电房里的多个电灯泡一起发出亮光来。这一刻，南港山区第一次产生了水力电能，第一次有了自己的发电历史！见此情景，在场的领导、技术人员和村民无不欢欣鼓舞，喜气洋洋。下山发电站成功发电了！

不久，利用水轮机动力带动碾米机的试运行也成功了。附近的人们开始挑稻谷来发电站加工，暇港村的胡意华具体负责碾米机的工作。他的工作客观上有一定的危险性，因为每一次启动碾米机时，都需要他临时把传动皮带利索地套在水轮机上端的动力盘上，这时就需要眼疾手快及勇气，如果没弄好，要么皮带挂不上去，要么可能皮带甩下来伤到人。这一点，观看操作的人们往往都有所担心，但胡意华对此从未退缩，硬是一直扛了下来。图3-3为下山水力发电站遗址。

下山发电站输出的电功率不是很大，主要用于暇港、彭家塘、南门（公社驻地）等村庄的照明。我记得，当时的村民望着不可触摸的电线，而输电线上却常常立着许多安然无恙的燕子、麻雀等小鸟时，他们很不明白这是为什么。每天晚上，发电站上空几盏大灯泡发出的光亮，周围村庄的人们能远远望见，人们对水力发电充满了好奇。了解内情的人们，常会夸我父亲胡自强为家乡做了一件大好事。也因为父亲在水利水电方面的贡献，他迅速成了南港地区的知名人物。

后来，由于发电站缺少严格的科学管理，发电的水流又难以持续供给，发电与碾米的功能时有时无，原计划中的发电功能常难以圆满实现。几年后，外来的高压电被引入南港地区，下山发电站也就逐渐成为了历史。

图 3-3　下山水力发电站遗址

三十一、南港与南安名称由来及南港与姚圩的分合

新中国成立前，暇港村所在的乡为"南安乡"。新中国成立后，新余县增设了姚圩区人民政府，辖南安乡、姚圩乡等地。当时，乡下面是各村的农民协会掌权。1952年土改结束后，开始分出一些区域范围较小的农村基层行政组织，也称乡，如"三联乡""南港乡"，以代替原来的南安乡；此外，邻边还有姚圩乡、东边乡等。在1956年新余县下属各区行政组织设置的文件中，南安乡的名字已不见了，而只见三联乡人民政府、南港乡人民政府。据胡永华老师解释，"南港乡"中的"南港"二字，来源于南港乡中两个村庄的名字，即"南门村"中的"南"和"下港村"中的"港"。

1958年3月，南港乡的行政范围扩大，三连乡等并入其中，相当于后来的南港人民公社范围。原南港乡支部委员会撤销，成立了南港乡党委。1958年11月"扩大并队"开始了，南港乡与姚圩乡合并为姚圩人民公社，同时姚圩区被撤销。到1961年3月，又从姚圩人民公社划出一部分范围，增设了南港人民公社。

1968 年 11 月，姚圩人民公社与南港人民公社合并为姚圩人民公社，两个公社的革委会改为姚圩公社革命委员会党的核心领导小组，1970 年 12 月恢复为中共姚圩公社委员会。1973 年 1 月，南港人民公社从姚圩公社分出而独立，胡秀才为中共南港公社党委书记（1973 年 1 月—1979 年 5 月），王瑞生为党委副书记（1975 年 4 月—1981 年 4 月）。1983 年 9 月，南港人民公社更名为南安人民公社。

三十二、1958 年"扩社并队"与成立南港人民公社

据杨贱根的《中国共产党江西省新余市渝水区组织史资料》记载，1958 年 10 月，中共新余县委、县人委根据上级关于实现人民公社化的要求，决定将全县 29 个乡（场、镇）调整为 16 个人民公社（场、镇），并决定在江东乡进行试点，同年 11 月在全县铺开。新余县委、县人委文件中讲的调整，实际就是 1958 年的"扩社并队"行为，即将原来的乡扩大合并成新的人民公社，将原来的高级社合并成更大规模的生产大队。当年 11 月，南港乡和姚圩乡扩大成一个新的姚圩人民公社，新生高级社和洋江高级社合并成一个新的新生大队。新生大队管辖范围包括暇港村、哲山村、南门村、洋江村、中温村、花溪村、洞岭下村、北门口村、横坑村等。新生大队的书记是哲山村的胡能民，大队长是洋江村的王勉英，副大队长是花溪村的龚亮学、中温村的牛仔，大队会计是欧阳勤，傅法宗是大队统计。

1960 年 5 月，新余撤县建市。1961 年 11 月，因"扩社并队"后的"一大二公"管理模式存在过左倾向及许多弊端，在当时的历史条件下难以充分调动农村干部管理与群众生产的积极性。因而，中共新余市委、市人民政府经研究决定，将原 16 个人民公社（场、镇）调整为 37 个人民公社（场、镇）。而实际早在 1961 年 3 月，中共新余市委、市人民政府就从姚圩人民公社划出一部分行政范围，增设了南港人民公社。

分出的南港人民公社，书记是何方本（1962 年 1 月—1962 年 7 月；1962 年 7 月—1966 年 2 月），副书记是黄礼文、胡界方等人。同时，经过 1961 年 11 月的调整，原姚圩人民公社的新生大队被划分为南港人民公社的五个大队，即暇港大队（辖花溪村、彭家塘村）、南门大队（辖南门村、阳家村）、新生大队（辖哲山村、横坑村）、洋江大队（辖洋江村、洋江山下村）、梧岗大队（辖中温村、洞岭下村、符家塘村、坮下村等九个小村）。暇港大队的大队长是胡有本，书记是龚亮学，下面设有 7 个生产队，其中暇港村 4 个，花溪村 2 个，彭家塘村 1 个。这种行政格局维持了很长一段时间。

后来，经过 1968 年 11 月至 1973 年 1 月第二次"扩社并队"后，南港公社从姚圩公社中分出，暇港大队从新生大队中分出，成为独立大队，拥有三个村庄（暇港村、花溪村、彭家塘村）七个生产队，大队书记为胡梅根，大队长为胡有本。

三十三、农户的口粮计划与国家的"统购统销"政策

口粮是农民主要的食物依托。实行高级社之后，农村居民的口粮数额由政府结合实际加以计划规定。据人民公社初期的新生大队统计员傅法宗回忆，新生高级社时，包括暇港村在内，农户人均口粮是 600 斤。1958 年说是粮食增产了，各地都打开甑来吃，收割的稻谷也一个劲地卖，结果 1959 年上半年就出现了粮食紧缺的情况，只好购买国家为帮助农民度难关而提供的回供粮。

口粮较紧的 1959 年和 1960 年，人均口粮是 550 斤。自 1961 年以后的人民公社时期，南安山区供给还是人均 600 斤口粮的标准。在 600 斤或 550 斤的平均数中，男性主要劳力一般是 800 斤，女性主要劳力一般是 750 斤，小孩以 80 斤为起点，以后年龄每增大一岁口粮增加 20 斤，年满 18 周岁，开始吃主要劳动力口粮。

傅法宗还回忆到，在口粮的品种结构中，一般是稻谷占主要成分；如种有红薯，则按 100 斤稻谷折 500 斤红薯的比例来算。当时之所以种红薯，主要是大家考虑用 500 斤红薯抵 100 斤稻谷，还划得来。于是集体种起了红薯。生产队不可以自己增加口粮定额，如有隐瞒的情况，查实后会受到严厉处理。例如，当年梧岗高级社领导、中温村人龚保良，因瞒产多分，蓄意给每户多分半担计划外的稻谷，被开除了党籍；刘家村的胡辉本瞒产多分，被发现后也被开除了党籍。

生产队分豆子、荞麦等东西，也有政策规定，有的按口粮比例分，有的按劳动工分多少分。多数是按劳动工分来分，按人口口粮分是少数情况。因为当时人们大都认为，这些东西是生产劳动换来的，你不劳动就不该有这些劳动果实。

那么，何谓"回供粮"呢？说到底，就是农民集体超额或超产卖稻谷给国家后，造成后来自身难以给予农民足额的口粮，面对农民的缺粮情况，政府根据实际从粮仓回供一部分粮食返卖给农民。这就是"回供粮"。

那么，为什么农民集体会超额或超产来卖给国家稻谷呢？这其中主要是由一些地方干部争政绩、搞浮夸的不良作风所导致的。

据胡有本回忆，搞高级社时，上面对下面完成公粮、征购粮的任务抓得紧，粮食生产要包产，有的亩产包 300 斤，未达到包产产量的要扣口粮。以后，还搞了多年的粮食估产，有时粮食产量估高了，虽然上下干部为了政绩而高兴，但秋后卖粮所亏的部分必须由口粮来弥补。这样，次年农民所不足的口粮，又要依靠买政府的回供粮来满足。

为保障国家粮食供应安全和计划经济的稳定发展，支援城市和国家工业化的建设发展，从 1953 年 10 月 16 日起，国家开始实施"统购统销"政策。该政策直到 1992 年底停止，共实施了 39 年。

"统购统销"中的统购，就是国家统一收购，即通过国家粮食部门人员和当地干部评估的当年粮食产量（后来也包括棉花、食油等），只能由国家来统一收购，不准自由买卖和进入市场；统销就是国家统一销售粮食，包括农民自己食用的数量和品种，也只能由国家计划批准后才能留下。全国每家的粮食都是由各级政府按情况额定的，家家都有一个粮本。简言之，就是所有粮食的销售与供给，只能由国家粮食部门统一政策来加以实施。该政策实施后，次年，国家从农村收购的粮食与前一年相比增加了 10%。

据胡仕华回忆，20 世纪 50 年代刚实行统购统销时，上面来的干部抓得相当紧。当时，他在几里外的垱下村、符家塘村等地种了一些水田，打了几千斤谷，被村里群众反映了情况。领导得知后，多次到他家做工作，一再要求他多卖粮，还鼓励他努力进步当干部为群众带头。由于领导的工作做得深入，他提高了思想觉悟，家里的稻谷（包括糯谷）、豆子几乎全卖给了国家。而且，胡仕华还多次用小土车把这些稻谷送到 20 里外姚家越里的仓库去。提起这件往事，胡仕华非常感慨地笑了，他说："当时上上下下都是为了国家利益，今天看来苦一点也值得！"

三十四、20 世纪 60 年代初南港小学部分经历回忆

我是 20 世纪 60 年代初进入南港小学读书的。入学之时，母亲很高兴地给我煮了一碗面条，里面特意放了一些葱段，说是吃了这样的面条，会变聪明。当时，由于营养条件较差，加上天生个子小，到了学校后，我常常会受到一些强势男孩的欺负，也不敢和他们争论。为此，年迈的婆婆经常为我操心。学习开始后，我对许多未知的东西，包括课本内容、文字、拼音、故事比较感兴趣，产生了学习荣誉感，对老师用红水笔写的表扬文字，往往会感到莫大的鼓励。当时，小学一年级的教室设在胡财成家的一间土砖余房中，中间摆了许多桌凳，预备上课时，会集体唱歌。

那时，小学里已有早读。为调动学生早起读书的积极性，老师想出了一个简单的妙招：每天早上在教室门外的桌子上，准备一些用红蜡纸剪的三角形小红旗，鼓励小朋友们早来教室门口排队，等待老师来发给自己数量有限的小红旗。上课后，老师也总会对获得小红旗的孩子进行一番表扬。当时还是小学生的我，非常想得到教师的表扬，很想获得更多美丽的小红旗。

记得那是一个冬天，为获得小红旗我经常很早起床，有几次起来太早了，外面还是黑黢黢的一片。后来我决定通过狗洞来查看是否天亮。每当打开狗洞看到屋外有光亮时，我便蹑手蹑脚地轻轻拔开大门栓，一溜烟跑到教室门口站队去了。有好几次，我母亲睡醒后才发现我不在床上，吃了一惊！后来她悄悄起来查看原因。得知我是为了获得早读小红旗而去教室门口排队时，她笑了！

在小学时，我因年龄小，并不怎么明白学习目的，更不明白学习方法，只是跟着同学一块读课文、学唱歌，一块参加体育活动，无忧无愁地生活着。当我和同学们一起上音乐课唱歌时，总会感到那童音真悦耳，仿佛是仙境中的声音一般！

那时在小学，个个孩子都戴了红领巾，经常唱着"我们是新中国的儿童，我们是青少年的先锋……""月亮在白莲花般的云朵里穿行，晚风吹来一阵阵快乐的歌声……"等歌曲，大家调皮而活跃，身心得到了较好发展。有时学校打铃通知全校学生集合，听校长训话，同学们分年级列队站在操场上，望着白杨树边神情庄重的校长，听着他那沉稳的讲话，觉得大家都正在学校的关怀下进步成长！

当时任课老师对学生的学习很负责任。记得在小学高年级学习时，我有一次考试成绩比较好，得意之时，竟和同学用墨汁涂在脸上笑闹一番。语文老师章秀铨发现后，马上生气地把我叫去办公室里站着，很严肃地批评了我。这次受批评对我影响很大，我感到自己不能任性，要遵守纪律，要学会谦虚做人；同时，我也感到章秀铨是个有责任感的老师！

颇有意思的是，在小学里每当学期结束时，同学们总要几个几个地围在一起，来平分班上的《中国少年报》。当时，我们感觉这报纸真是办得太好了，许多图文都值得保存和好好地阅读，应该珍惜它。

我上学的时候，家里的经济条件不够好，可以申请助学金。我记得，我每年都得到过学校发给的助学金。当时我一个学期要交的学费是 2.5 元或 3 元人民币，获得的助学金不是 3 元就是 3.5 元。获得助学金的手续是：先到大队会计那里开一张证明，然后把证明交给学校，不久就会获得助学金。这时我常觉得：我读书没有花家里一分钱学费，有时还赚了5角钱到家里！国家真是关心我们困难家庭，长大后我要好好感谢政府的关怀！

三十五、人民公社稳定时期的生产队情况与故事

1961年11月，结束"扩社并队"后的暇港村有4个生产队，队长分别是胡仕华、胡义良、胡建安、胡建华。自这以来，各级政府组织管理农业集体活动的经验更多了，农业生产开始进入比较稳定向上的发展时期，粮食产量也年年有所提升，特别是自1964年以后，干部群众的思想更加稳定，生产形势欣欣向荣，农民的物质生活得到较多改善。

但是，事物的发展是复杂的，特别像农村集体生产这种新事物，遇到的问题与挑战很多，要掌握规律并稳步推进很不容易。但由于有党和政府的坚强领导和各级干部的得力工作，生产队事业总是在探索中不断向前发展着。

这里，主要以胡仕华领导的暇港村第一生产队的实际情况为例来回忆历史。

（一）一位生产队长的经历

胡仕华，1926年生，上房村人，小学文化。初次担任生产队长时，30多岁，他身材不甚高大，却十分健朗，喜欢思考问题，加上有一点文化基础，有一定的政治头脑，有集体观念和责任担当精神，是暇港村一般村民及党员干部难以企及的。

回忆起以往生产队的那些往事，他心情激动，往事如昨，侃侃而谈。

他在回忆时深情地说："当好一个生产队长不简单啰！我这个生产队有近20户人家，20多头牛，200多亩地，要交税粮，卖征购粮，分足社员口粮，肩上的担子很重。队长什么事都要去经手，要求管理上有能力，懂得政府的要求，事前多操心，善于发挥劳动力的作用，合情合理协调各种关系，受得气，吃得亏，能带头，还要能团结队上其他干部去带头，不使群众落后。我讲干部带头，具体讲，是干部要思想认识带头，出工带头，收工收尾，生产能吃苦，不怕吃亏，善于理解和执行政策等。你看，桂安和求本曾当过队长，可因为缺少文化，不太懂得政策，他们的很多工作就搞不好，或感到很难搞。"

胡仕华认为，生产队管理中有以下难点问题：

"一是给社员分工难。生产要合理分工。但由于各人体力、底分、水平不同，分工前要先妥善考虑好，务必周到，让做轻重不同事情的社员感到有

道理，不能让吃高分的社员选做轻快的事，吃分不高的人要他去做吃不开的事，那样就会有人闹意见，就会有人感到自己受了欺负。一些社员能做的事而不去做，这就需要干部在他们面前吃得开！队长的能力强，你分给他做什么，他就会执行，不然，他不去。这其中也需要把道理讲清楚。如果分工合理而不出工，又讲不出理由，那可以暂时不给他分工，看他不出工吃什么？到时他就来找你做事。胡求本当队长时，缺少计划和能力，他分工下去有人不服从，还大胆跟他辩，这就很麻烦。这是缺乏威望和能力的表现！""这里讲道理最重要。譬如，曾有一个社员对我当队长有些看法，他工分底分高，却不愿去浇大粪、出牛栏粪之类的重活脏活，分工时又难以找到他，我只好请他老婆转达分工安排。可他又总是把老婆的转达不当回事，分工要他去的地方他不去，没分他去的地方他却偏出现在那里，很是令人头痛。以后的一段时间里，我不见到他本人就不给他分工，务必见到人后再给他分工，这使他警醒起来，不好再说不去，因为他有这么高的底分呗！他后来做事也心情舒畅多了。这就是耐心讲道理的好结果。"

"二是统一出工难。按道理，每天生产队男女队长吹了出工的口哨，大家就都要及时出工，但是这不容易做到。有的人总喜欢拖拉一点，想占点小便宜，影响到大家劳动情绪，使人很焦虑。面对这类现象，生产队长就要敢于根据事实，表扬按时出工的人，批评出工拖拉的人，并对经常出工严重拖拉的情况做出扣分处理。这里，干部带头和督促很关键。如女队长温桂英出工时通知得很详细，天天带头上阵，使多数妇女都形成良好的出工习惯。"

"三是改变一些社员出工不出力的问题难。生产队里人们的思想复杂，有的出工不出力，有的半心半意。如同样去田里耘禾，有的社员很尽力，也有人会做表面文章，脚用劲不够，敷衍而为。对这种情况，队长还是要敢于指出问题，讲道理，是非分明，让偷奸摸懒的人能及时转变思想。不然，群众中懒人会越来越多。"

"四是对一些刁难领导、违反生产纪律与秩序的社员处理难。"胡仕华认为，对待这种情况，不能硬处理，需要队领导敢于大胆做思想转化工作，把劳动中的正气旺起来。有一次，一位家庭成分是地主、脾气暴烈的青年男社员做了一件糊涂事：他有意将一根耘禾棍埋在耘禾时的稻田泥里。这件事被发现后，对胡仕华震动很大，认为这事他做得不对，这是在劳动中"搞破坏"；但对方却一直不肯承认，说自己这样做是在"开玩笑"，不认为这种做法会带来严重后果，并认为队里难有办法对付他。胡仕华觉得这件事不能马虎了事，应该公开来处理，需要严肃的思想斗争，以便警示群众，扼制这种"危险"的行为。

因而，有一次在胡水根家里记生产队工分时，待给每家每户记完工分后，胡仕华招呼大家暂时不要走，说今天有点事，借晚上来开个会。待大伙坐定后，胡仕华严肃指出该男青年做的这件事性质恶劣，尽管之后他从泥里把耘禾棍拿了出来，但这是在搞破坏，不该这么做！胡仕华又指出，做事总是有原因的，总有一个想法，藏耘禾棍的目的是什么？希望他能说一说，做一个检讨。这时这位青年还强辩说是开玩笑，但心已虚了下来，只是还要一点面子。这时，胡仕华便当众分析了他的错误及可能的后果，并希望他今后不能再这样糊涂，不要再出类似的问题！这样做既明确认定了他的错误，又给了他教育和一定的面子及希望，真正起了告诫救人的作用。

此后，该青年也一直能安心在队里踏实劳动。我们谈到此事，胡仕华说："面对这种思想复杂的事，要考虑怎么处理，讲究方式方法，不能不管，也不能处理得太过分，关键要转变思想。后来这样的事就很少见，这也就是社员提高了觉悟的结果。"

对生产队干部是否会搞特殊化的问题，胡仕华的回忆道："那时，生产队产出的东西主要就是粮食，大豆、荞麦、红薯也归为粮食。对粮食问题，是会计保管负责处理的事，不是队长的事。分口粮时，会计管数量核算，保管负责照数称谷，不是队长算谷称谷。那时，干部要这样那样带头，你还敢多吃多占啦？不敢，谁也不敢！队长不管分粮食的事，只管其他行政上的事。打个比方，队里有一个人到了年龄，分粮却没有达到口粮标准，要上标准，这就要经过队长。队里核实情况后，就会告诉会计，这个人长了一岁，按规定要加一岁的口粮。会计把口粮算好定好，分谷时，保管就按会计给的数字来称谷。社员的口粮一般是在熟禾后按年龄来调整分配的，上了18周岁才能吃主要口粮（劳动力口粮），没有达到这个年龄，不管你饭量多大，都不能吃主要口粮。不然，政府会来调查，处理乱来的干部！"

胡仕华还特别强调："称口粮的事，是政策大事。地主富农家庭的人口也是和其他成分家庭的人口一样分口粮，口粮标准是一样的，一律平等，哪个也不能少，这是按政策分的。如果有人不按标准分给他们口粮，他们没有吃不会去告状？按政策分口粮，这个事不会有偏差，不会少。当时有"五保户"，有孤寡户，口粮都是按政策规定给的，没有偏向。""除了口粮外，其他分配上政策也有规定。有的东西如鱼、豆子等，有的是按口粮来分的，有的是按劳动工分来分的。按人口分是少数（主要是分口粮），多数是按劳动工分来分的。为什么？你不能劳动不就少吃一点呀，这是少数东西（鱼、豆等），是劳动所得，你不劳动就不会有，劳动得多就应多分一点。这些东西按人口来分的情况是少数。在这些方面，干部不能多吃多占。这是当时的硬规矩。"

胡仕华应问继续回忆说："当时生产队大队、公社、县里的干部要坚决执行党和政府的粮食政策，禾熟收割以后，要先交税粮和征购粮，这是国之大计。卖了征购粮得到的钱，用来搞分配，还要交水费。所以当时提高粮食产量最重要，因为交完税粮后，除了口粮还有谷余，才能卖征购粮。没有多余的谷就卖不出。当时完了税粮后，有的生产队剩下的谷不够供应口粮，那就要减口粮。因为你没有种出来呗，你没增产，还减产，那你就少吃些呀！你就受苦呀！""这时，干部哪还会想自己去多吃多占？能把口粮、征购粮满足才是最想的事。当时，干部如瞒点产都会受到严肃处理！"

他还回忆说："至于在个别情况下，饿了顺便吃点东西那还是有的，只不过这样的事很少。例如，春耕时坏了耕牛（那时春耕时耕牛常出现死亡现象），夜间煨牛骨头烂肉，夜很深了，需要队里干部去剥下骨头上的烂肉，那时饿了，还是会尝一些哩，但不会多吃。但烂肉总要把人来剥呗，吃点是有的事，社员参与剥烂肉的只是个别现象，这是队干部要他来的。这样的社员一般平时表现好，到时我就会跟他说，今晚剥牛骨头烂肉，你也来一下。既然深夜来了，你也尝口吧。这是情理之中的事，不是什么大事，大家也不是专为吃烂肉而来，想专来吃肉的没有。"

（二）生产队划工分（记工分）

社员参加生产队劳动后，劳动时间需要在公开的场所进行登记，这种登记过程即是"划分"。一般队里登记工分为两天一次。"划分"的场所，一般选择在位置相对中心、房屋比较宽余，家庭人口较少的农户家。我们所在的胡耐根当队长的第三生产队，划分的地址选在老社员胡生成家。胡生成家只有三人，房屋有两间，有张大桌子，又自愿备好油灯，是大家认为较理想的划分场所。划分有专人负责登记，由他逐个按社员名单询问出工情况，由出工当事人或委托的家属报出出工时间（分早上、上午、下午），晚上加班也要登记，并都要受到在场社员的监督。划分约需一个小时。工分登记完后，工分登记本由划分所在农户的主人负责保管。各月的工分累积，成为参与生产队利益分配的主要依据。

（三）引种红花草

要大办农业，水和肥是关键，各级领导对肥料的作用也都非常重视。在生产队，为贯彻上级精神，队长经常组织社员上山削草皮沤田，到远处的顿米山上烧草木灰，用土车运回来撒到田里做基肥，以补充农家猪牛栏肥的不足。后来，村里在政府的引导下开始引种红花草做绿肥。引种之初，社员们有不少疑惑，但各级领导意志坚决，红花草被迅速推广。红花草秋时拌灰种下，春时迅速发苗成丛，开花，沤在泥田里肥力很强。由于认识统一，当时，各生产队大部分的冬季闲田都种上了红花草，靠近村田里的红花草大都长势好，隔村远些田里的红花草长得要差些，但只要及时加强管理，也还会像个样子。

三春时分，红花草在春风中像滚雪球一样暴长起来，田野的点点紫红色花朵与团团绿叶相融，像是那无比清新美丽的图画，把农田打扮得分外妖娆。由于红花草播种时都使用了钙镁磷肥拌种，其根部瘤菌众多，待翻入泥土中后，不几天便发出浓郁的沤肥气息，泥土也随之变黑变肥，这种肥源中生产的稻谷品质更优。由于普及种红花草，早稻晚稻的产量有了明显的提高。一些担心成本较高的社员也转变了思想，甚至在自己的自留地里也悄悄种起了红花草。只是可惜的是，集体生产消失后，暇港村的田野里再也看不到红花草的影子了。事实表明，种水稻不种绿肥，就很容易进入掠夺式经营的偏道。种田不能竭泽而渔。种红花草，是农业生产获得生态平衡与自补的一个重要法宝！

（四）包禾种

每年清明前约20天，天气逐渐转暖，此时正是生产队包禾种的时候。包禾种的目的，是让种谷泡水后在一定的温度中萌芽。当种谷萌芽比较均衡时，便可撒入秧田泥床上去长秧了。

包禾种需要丰富的农事经验，由最有见识的几位老社员来判断、决策。包禾种时，先要将种谷放入用稻草裹垫的秧篓中（秧篓直径约70～80厘米），四周用稻草扎实，之后将它抛到水塘里去浸一天一夜。在这时，村前的大水塘里挤满了大大小小浮起的秧篓，小孩看到很好奇。

时间到了之后，秧篓被一一捞上岸。打开秧篓的稻草包裹时，里面会溢出一股稻谷生命苏醒的气味。若这时种谷萌出了白芽，就会释放出缕缕热气；若热气的温度过高，谷芽就容易受损；若温度过低，就需要及时浇些温热水来催芽。谷芽出得均匀，播种谷后气温又稳定，那么之后的秧苗势必会长势良好。若播种谷时气温低迷或持续降雨，弄不好就会出现秧芽腐烂现象；情形严重时，就需要及时补包禾种。这期间，最担心的人就是生产队长和大队干部，他们总是光着脚在塘边包种谷的地方跑来跑去，心里像是沉甸甸的。

在育秧的问题上，第三生产队队长胡耐根尊重育秧规律，坚持在种谷出芽后再来培秧的稳妥方法，但当时一位叫胡发根的大队领导却要求他直接点谷芽而不植秧，对此胡耐根坚决不同意。事实证明，点谷芽种稻不仅成本大，而且没有把握使谷芽长成秧。

（五）凌晨拔秧

在每年的五月一日之前，村里各生产队的 200 多亩的水田都必须要插上秧。因而，春插成了村民繁忙的第一个高潮。我记得，在我家所在第三生产队，为了赶插秧进度，生产队长胡耐根特意安排残疾老人"拐脚"胡道安打出工鼓。胡道安出身贫苦，身患拐脚残疾，土改时分到一间土砖屋，粮食由集体无偿供给，他心里对政府和集体充满感恩，凡是集体分给他能做到的工作，他都坚决完成。接到出工打鼓的任务后，他每天看准钟点完成任务，而且把鼓打得特别响。除了打鼓通知出工外，干部们到时也会及时喊醒邻边的社员去出工。

我 10 多岁时，为帮家里挣工分，也须起早参加生产队的拔秧。每当我进入万物未醒的夜幕中，开始时会感觉四周鸦雀无声，摸到田岗时，便会隐约听到人们讲话的声音，再接近些，又会听到清晰的洗秧与甩水的声音。此时定睛一看，原来很多社员早已到秧田来了，一些手脚快的社员已拔了几十只秧！

这时候，若天气晴好，社员们还不算很辛苦，若风雨交加，大家在秧田里披着沉重的蓑衣，脚下被冰凉的水泡着，还要蹲身双手拔秧，一不小心就会打湿裤子，那滋味的确令人难受。若这时人的体质虚弱，往往容易使身体落下病根。一位叫胡印华的老年社员，春插时在劳累中感染了风寒，又盲目喝了一些酒来驱寒，结果不久便肾病发作而去世了。至今，我还清楚记得他那蹲在秧田里与其他社员开玩笑的模样。那时，他的脸色已是十分蜡黄，但他仍坚持出工，想起来真叫人心疼。那时，他还只有 50 多岁。他有过烧砖窑的经历，常进行高强度劳动或是熬夜工作，这也使他的身体非常消瘦。

（六）栽早禾

当时插秧完全靠手工。接受插秧的水田，一般都是由几位善于用铲耙（图3-4）整平水田的社员临时准备好的。多人下田插秧，方式比较简单：先由挑秧者将扎好的秧逐一抛下水田，然后，社员们分散在不同的水田里同时开插。每丘水田开插时，都是由一个会栽直线禾（俗称"栽天禾"）的社员率先下田瞄线开栽后，其他社员才能逐一依着他的行距栽插起来，像摆龙门阵一样。

图 3-4　铲耙

这其中，一些工分高、栽得快的社员必须自觉紧接着"栽天禾"的人下田开插，一些动作慢些或老幼者则会在后面一些紧跟上，这样，能使动作快慢者互不掣肘。也因而，会"栽天禾"的社员因技术多些而在队里的地位显得高些。一般情况下，男劳力一次栽六行禾，也有的栽七八行禾的，但一次不宜栽得过多。如果栽多了，会因为身体照顾不到外侧禾的位置而容易使行线变歪。动作慢些的人一般栽五行或六行禾，小孩一般栽四行禾。栽得快的社员，往往会追赶前面栽得慢的社员。一些先进青年为加快插秧速度，还会不时地进行一些比赛。

（七）送栽禾酒

栽早禾需要 10 天左右的时间，一般要赶到五一节前把禾栽完，即所谓"不栽五一禾"。那时，一天要忙 10 多个小时，体力消耗大，年龄还小的我往往累得直不起腰来，只想去换一下挑秧来调剂状态。也许是为了使大家有个调整休息的机会，在栽禾的每天上、下午中间，队里都会有一次由农家轮流来田头送酒送点心犒劳大家的"节目"。这种"节目"以前并未见过，是生产队集体想出的一种创意。所送的酒水及点心，由各家量力准备，到时由一人或两人把酒壶及篮子提去，招呼大家在一个平地坐下休息一会儿，喝些酒或吃些点心。

我记得，有一次生产队在枫叶形墓地东边插秧，休息时大家正在赏酒吃点心，高兴玩笑之余，高个子胡圣辉和中个子胡时成一时兴起，两人竟然背靠背地倒立起来，玩起了"起枫树"的特技。那时他们正值壮年，倒立时的姿势十分轻盈潇洒，引得大家惊诧不已，一时的劳碌感也减少许多。我还记得，有一次轮到我家送栽禾酒，母亲准备好的食品，是两壶温热的水酒和炒熟的几斤青皮豆，还有少量的糖片。送到田间大家品尝后，都表示味道不错，尤其夸我母亲炒的青皮豆香而脆。送酒的"节目"调节了社员们的情绪，给之后的劳动补充了体力。

（八）禾苗管理

春插完成后，各生产队接下来的主要农活是保水、耘禾、施肥、杀虫这几项。暇港村民的耘禾方式与别地有些不同，别地耘禾有的跪在田里用手捞，有的用耙耘，有的用滚子耘等。暇港村民耘禾的方式是手持一根支撑辊，用双脚搅动禾苗边的泥面。这样耘禾的目的，在于调整混面、松泥、除草等，使禾苗能更稳地扎根在泥土中，更好地吸收养分。集体耘禾的方式是面对一丘禾田，每人一行地逐个耘过去，最先到路边的社员退下一行往回耘，与第二行耘者相接后，又各自退下一行耘去。

老社员们认为耘禾的作用是很重要的，需要用心对待。在我看来，当时参加耘禾的绝大多数社员都是用心的，但无论如何，不同社员之间还是有态度差异和责任感差别的。两只脚下到禾田里耘禾，有人用的力气较大，有人用的力气较小，有的一心为着禾苗长好来耘禾，有的则是为了赚工分来耘禾，境界不同，耘禾的质量也自然有区别。在二三十个的耘禾者中，我感到干劲最大的还是男、女生产队长。我在他们身边耘过禾，总会感到他（她）们用脚搅动泥水的劲要更大一些，追求速度的心也更急切些。他们和社员先进分子是队里的中坚力量，他们身上似有一种特殊的力量，一种强烈的集体精神！

那时，江南的初夏雨水多，社员们或穿着棕皮蓑衣，或披着塑料雨衣，一排一排耕耘在嫩绿的禾田里，让乡村田野间弥漫着一种从容淡然的诗意。

早禾一般要耘两遍。耘过一遍后，为加速返青或叶苗成长，生产队常派人撒进一些类似尿素之类的化肥。当禾苗生长进入旺盛期时，还要根据虫情及时灭虫。整个生长期，禾田里都要有一定的湿度或水量，以防泥土板结与枯苗。为此，各个生产队的队长都会指定一名有引水经验的社员专门从事放水保水的工作。我们三队老社员胡怡本为人忠实勤勉，做事细心，生产队长就长期分工让他承担放水的任务。他也总是肩上扛着一把锄头，起早摸黑地巡视在稻田弯曲的小路上。

20 世纪 60 年代，暇港村的农田生态环境还比较野生自然，化学的、物理的干扰较少，有古老的水溪，有潺潺的流水，有多种茂盛的水草，有睡梦般恬静的水塘等。也因而，这里的鱼类、蛙类、蛇类较多，而且都有较强的繁衍能力，它们能安全地熬过干旱严寒的冬天，到春天又能见到它们活跃的身影。

这其中的鱼类蛙类，更是随着稻田中雨水的充盈而随处可见。记得在春暮夏初时，几乎在每一条田埂上，都有褐色或青色的青蛙在栖息或跳动，黑色的小蝌蚪群在净水处蠕动。同时使人们更感兴趣的是，我们下田栽禾时，经常在泥水里会碰到受惊的鲫鱼窜来窜去，有经验的社员能捉到许多鱼回家。待到耘禾时，特别是在耘第二遍禾时，田里新生的鱼，如小鲫鱼、小黄鲶、小泥鳅之类的更是多见，它们听到响声就往泥土深处钻，因而当时很多社员的身上总是系着一只小鱼篓，其中总是装着不少鱼或田螺；有的社员则用一根柴条来把许多鱼的鱼鳃串住，待收工时把鱼拎回家。应该说，那时吃稻田鱼的机会比较多。

到夏收时节，大部分稻田里的水都排干了，但在禾田中的一些低洼处或开缺口的余水处，人们常会惊喜地发现其中有许多鱼，它们躺在泥水里彼此相濡以沫。这种情景表明，当时稻田里普遍有鱼卵存在，也表明当时水稻的品质是比较纯净的。

大约过了端午节，水稻便普遍孕苞，紧接着开始插穗扬花。六月底，禾苗进入灌浆期，至七月上旬，金黄色的谷穗便随风摇曳在社员们的视野中。随即，"双抢"大战即将开始。

（九）"双抢"大战

"双抢"，即抢收早稻和抢种二季晚稻。抢收开始后，队里一般先要收割部分早熟的早稻，才能拉开翻田栽二季晚稻的序幕。暇港村及邻边地方割禾，方法是每人割一排过去，每次割下几蔸禾后将禾衣挽起环扎一下，再添割几蔸禾压住成为"一手"禾，然后将它放置在禾蔸上，让后面社员割下的另"一手"与其对着放，呈八字形。禾被晒干后，扎禾时便将对着的"两手"绑成一件，五件禾搭成一架。一般男劳动力挑禾时，是 70 件或 80 件地捆成一担（即 14 架或 16 架禾），重量约 130 斤左右，也有的禾因长得好、谷穗重而只宜捆 60 件为一担的。挑禾为重体力活，一般由男劳力独揽着，女社员只负责扎禾件。由于挑禾的担子不能中间停放下来，所以，挑禾的活对体力的要求比较高。

为了使大多数男劳力都能参加挑禾，生产队长胡仕华提出了"变一人单挑为多人接肩打传挑"的办法。这个办法，可保证大多数男社员能在短程的接肩换肩中及时得到休息，以调动更多社员的挑禾积极性。经试验，这种方法效果较好。但是，这个方法却遭到一个大个子青年干部的激烈反对。他认为，这样挑禾，一路上多人接换，影响了劳动效率，同时各人的高矮与体力又不同，不能持久搞下去。最后，因支持打传挑禾的社员较多，这个方法也就被采用了。其他生产队见到这个模式后，也实行这种挑禾方法，并长期保持了下来。

"双抢"时，太阳大，气温高，时间紧，稻子挑回村后，除少量被及时脱粒分给农户外，大部分被暂时堆成四方体的禾堆。禾堆的边长约有一丈左右，高一丈五尺左右，底下的禾堆坪高于地面约五六寸。每个禾堆形成时，地面都会铺垫一层厚厚的稻草来打底，名叫地脚秆。每个禾堆可打谷三四千斤。收禾堆积禾堆时，由一位有经验的社员主持堆禾技术事宜，他会用架码的方法将所有的禾件相互压住而不垮散。禾堆堆得较高时，就要搬粗木梯来作为登高器。这时，挑禾上梯子的社员往往是生产队里力气较大、吃工分较高的人。

那年代，仿佛是雷雨天特别多，尤其在中午过后，往往会骤然出现雷雨天气。狂风大雨一时袭来，把收禾的社员们搞得手忙脚乱。那时，少年的我总会看见几位男社员及时拿来晒垫，将禾堆紧紧地捂住绑好，在田里扎禾的妇女们往往像落汤鸡一般从路上赶了回来。于是，收禾的进程被暂时中断。这样的情景我见过多次。

夏收完后，村庄里的风景大变，村庄的前前后后尽是禾堆的高大身影。而这时禾堆之间的间隙，恰是小朋友们捉迷藏、玩游戏的最佳场所。

（十）酷暑送井水

生产队在较远的田野里收禾时，由于太阳烈、气温高，社员们的体能消耗都很大，有时社员们干过一阵活，脸上的汗就会"像打李子一样掉下"，身上的衣服开始被汗水印湿。为防暑和给社员补充水分，每天的下午中间，生产队都会派一名社员负责挑井水送到田岗。

挑水的社员从村里出发，循路逐个为挑禾的社员送水，最后来到收禾的田里。那时，田里口渴的社员早已望眼欲穿，一旦发现送水的人来了，像是看见救星一样，纷纷拥上前来，一个接一个地接着碗，分别咕噜咕噜地把水喝下去。这时，大家常会感慨一句："我们屋（村）里的井水真好吃，就跟吃凉粉一样过瘾！"同时，我也常会发现：生产队长总是排在后面才来喝水的！

（十一）打禾堆与送公粮、征购粮

忙完"双抢"后，时渐入秋，生产队开始组织社员打禾堆。禾堆是早稻的主要成果所在。打禾的目的，首先是向国家交公粮（税粮），然后是给社员称口粮和卖预定的余粮（余粮也叫征购粮）。向国家交纳税粮、卖征购粮，就必须组织社员打禾堆。打禾堆，有时从上午开始，也有时为了照顾耘禾、锄豆子、放水而安排在晚上借月光打。打禾就在禾堆边展开，扫干净地面，架好硬石板或硬木板，给社员分配好抛禾、打禾、扎杆三种活，打禾就开始了。

一般情况下，上禾堆抛禾只需要一人，在打禾人群后面扎杆的需要两至三人，打禾的男女社员一般有 10～20 位（那时很少人使用打禾效果不佳的打禾机）。打禾者一般都会带有一个夹住禾件的弯钩禾把，禾把能使力臂加长，控制禾件更稳，甩打禾件的效果更好。一旦打禾进入高潮，在干部的带领下，社员们争先恐后发力，禾场噼里啪啦的一片响声，扬起的禾件在头上此起彼伏，谷粒哗哗地散落在地面，上空涨起许多灰蒙蒙的禾屑灰尘，气味直刺鼻腔。由于空气比较浑浊，许多讲卫生的女社员会紧戴口罩，或用手巾掩住鼻腔，同时也有不少社员面对灰尘总是硬扛着，待打禾结束时，他们的眉上、嘴上、鼻孔会粘着一层厚厚的灰。

打禾是体力活，一次要四五个小时，体能消耗不少。故而，当晚上集体打禾时，队里大都会安排一餐夜宵来作为弥补。那时少年的我也曾以低工分的身份在夜间打过禾，体会过吃夜宵的滋味。记得有一次晚上10点左右，夜宵的食物是猪肉炒米粉，主厨者是外号叫"蚂蟥"的胡文本，做夜宵的地点在胡道成家的厨房。由于大家平时油水少，胡文本精心炒出的米粉端上来时，现场油气飘香，米粉的韧性及味感极好，入口后大脑的条件反射强烈，印象很深。

由于较少有机会吃到这样的米粉，一些有孩子的社员，常会省下大半碗米粉悄悄带回家给小孩吃。有时宵夜的食物是蒸糯米芋头饭，有时是熟红薯。在我的眼里，那时的糯米芋头饭就是天下最好的糯米饭。它的特点是软而香，富有弹性与油味，诱人胃口大开。每次吃过宵夜，社员们都交口称赞生产队长有计划、有能力、会办事，因而客观上也大大增强了集体劳动中的凝聚力。

当天气晴好，其他农活不忙时，有的生产队会接连打完几个禾堆。打完禾后，禾场上出现长长的谷堆。待晚上，村里一些好玩的孩子们，往往会聚在这丰收的谷堆上，望着天上皎洁的月亮和缓慢移动的白色云团，兴奋地唱起"月亮在白莲花般的云朵里穿行……"的歌曲，尽情地陶醉。这时处理谷堆的活，就是社员用风车扇谷。扇谷的目的，是使谷粒清洁，不含杂质。谷扇好后，下一步一是给社员们分口粮，一是为国家备送税粮、征购粮。

给社员分口粮，事情既简单，又会使人不那么平静。这时，在会计与保管两人的操作下，各家各户都会拿来谷筐按序称谷。在这个时候，一些劳动力强的社员心态会比较坦然，而一些劳动力弱或主要劳动力缺失的家庭，则会感到有一些压力。为何会有压力呢？这是因为，谷是大家的劳动成果，劳动力弱的人家劳动贡献相对少些，但口粮又要按政策分给，一粒都不能少，故而一些社员心里会有些不平衡，脸色不是很好看，有时甚至没人积极去通知这些劳动力弱的人家来称谷。因此在这时候，生产队长的态度就显得特别重要。

我记得，我家在胡耐根当队长的第三生产队，因人口较多，父亲又在县水电局工作，称谷时我母亲往往有点闹心，生怕受到歧视或冷漠。幸好，胡耐根队长是位本性忠良且敢说话的好干部，在这时，他往往会大声招呼我母亲和胡郁文（在外教书）的妻子说："堪港人（母亲家乡名）、米兰（郁文妻子名），快去拿角老（谷筐）来称谷！"那时，作为生产队长的他对弱劳动力家庭的大气关怀，至今都使我们家人难以忘怀！

当把需要的税粮、征购粮上交时，扇谷后的主要事情就是称谷和装麻袋，之后是再将麻袋逐一装上各位男社员的木独轮车（图3-5），勒紧绑好，等待次日早上推车送去姚圩或南安的粮管所。那时的村领导胡有本回忆道："当时打下的早谷，质量最好的要首先交给国家，一个生产队一年交去的税粮征购粮有几万斤。"

图3-5　木独轮车

那时，一辆木独轮车一次可载粮二三百斤，实际上各人载多少，视社员的体力情况而定。我家住在村前，屋前有一条很多外村人必须经过的交通要道。每当这时候的凌晨、早上、上午或者夜间，我总会听到屋外许多送谷独轮车经过时车轴发出"吱扭吱扭"的声音，断断续续地响着。有时循声出门一看，只见一些推着大谷袋独轮车的男人们披着车鞭，两手紧攥住两边车把，迈着坚实的步子，正一步一步地将车子向前推进着；有的推车手还一边走一边用纱巾抹一抹汗。后来我才知道，他们中的许多人都是从10多里外的高峰大队各村路过这里的，他们前面的路还有很远！

那时的土质路面上，已被众多车轮碾出了一道道深深的辙。一些松散些的路面被碾得稀巴烂，灰尘满天。可见这时推车送谷的人们是多么不容易！现在想起这情景，我的心依然会颤动起来：那时的农民兄弟是多么辛苦、忍隐和可爱呀！他们是那样无私忠实地为共和国建设承担着责任和使命，没有他们默默的艰苦奉献，哪会有之后的发展强盛呢！

（十二）稻谷加工与碾米房

南方农村的主食是大米，要获得大米就必须对稻谷进行脱壳加工。长久以来，暇港村民的稻谷加工，是通过村前与村后的两个新中国成立前兴建的碾米房来完成的。村前碾米房建在村东风水林边，由中房、下房人集资兴建，村后的碾米房建在村后，由下房人集资兴建。

碾房中各有一套圆形石槽，圆形石槽中央由一个点支着一个丫形大木架，木架外端设有座位，座位下一前一后支着两个石碾盘，由耕牛背着牛辕牵引木架下的碾盘碾压石槽里的稻谷，直至一部分稻谷变成白米。有时为加快碾米的速度，碾米前会先把谷用砻加工一遍。砻用硬粘土凿进木片制成上下两个盘组成，稻谷进入两砻盘齿片之中定向转动时，便将谷壳剥开现出糙米，之后将这样的带壳的米放进碾米房石槽中碾压，变成较精细的米和糠。一般一次碾米量为一担谷，需费时两三个小时。碾米时，需有人坐在木架座位上负责赶牛，牛慢悠悠地围着碾糟不停地运转着，路上的牛粪味不断地上扬，加上两轮吱吱转响的声音，赶牛的人很容易因昏昏然而打瞌睡。20世纪60年代末，由于电开始广泛进农村，出现了压米机，但碾米房仍持续了一段时间。

在两个碾房中的角落里，各放置了一个石制春臼。其中一个是圆的，一个是四方形的，均上大下小，中间凿出的空洞是用来春米的。在20世纪五六十年代，粮食比较紧张时，为使米又快又多地煮出稀饭来，小孩们往往很早就会带上用水浸过的米来碾房，双手持丁形的木杵去春米。遇到人多时要排队，春米速度快时，一人只要八九分钟。掏出米粉时小孩们往往会用刷子和小手把臼掏得干干净净。

三十六、养牛、养猪与积猪牛栏粪

三年困难时期结束后，各地农业生产普遍得到迅速恢复，粮食产量得到稳步提升。从那时起，我记得，村里大多数农户都养了一只牛，少数农户因母牛生了牛崽而养有两头牛；同时，多数农户也都养了一至两头生猪。养牛的目的在于参加生产队的各种农活，养生猪的目的在于改善家中经济及完成国家下达的生猪生产任务。同时，在当时的历史条件下，依托猪牛栏，猪牛的排泄物与农家投进的稻草、田间削来的杂草交织在一起发酵，形成无公害的优质农家肥料，是当时促进粮食稳产丰收的重要办法。由于提供猪牛栏粪，也会算给农户一定的工分报酬，所以各家对队里派人用粪箕出粪都看得很重。生产队派人去农户家出粪，一般是两位青壮年社员相配合，一人负责在栏中上粪，并在栏门柱上划正字以计担数，另一人负责挑粪外出，堆成大粪堆，待发酵腐熟后，再由社员们把猪牛粪挑到田岗中去做肥料。出猪牛粪时，因栏大都设在紧凑的农户房内，不久就会给房中带来一股浓重的粪臭味。出完粪后，东家往往会用一些灶灰撒在地上去粘粪汁，之后仔细一扫，便又恢复常态了。

三十七、交商品任务猪

猪肉是国民经济生活中特别重要的商品。在 20 世纪 50 年代，农户饲养的生猪主要是自己屠宰后到自由市场上去销售，需要猪肉的部门和个人也主要是从自由市场去买。随着国家多方面建设的展开和市场分工的不断加强，计划经济在客观上越来越需要加强粮食与生猪生产的计划性，以确保各行业人民生活的基本需要。因此，到 20 世纪 60 年代中期，政府遂开始通过政策要求农户完成一定的生猪生产任务。据暇港村多位老人及原梧岗大队干部傅法宗印证：在 1965 年前后（南港人民公社书记何方本在任时），农村粮食生产形势已根本好转，有条件的农户开始被要求卖商品猪给国家。当时生猪由公社食品站负责收购，分三个价格等级：每只生猪扣除评定的猪馊（方言，猪潲）后，重量达到 121 斤的，每百斤价 46 元；达到 131 斤的，每百斤价 48 元；达到 151 斤的，每百斤价 51 元。政府下达的生猪生产任务是计划性的，也是硬性的。

到 20 世纪 70 年代，政府开始要求每个符合条件的农户每年要完成一头半商品猪的任务。当然，饲养商品猪，农户也有一定的积极性。因为，那时农户对外商品交换，主要的经济来源就是卖猪的收入。当然，自己完成任务猪后，杀猪卖也是经济收入来源。据 1969 年接管梅根当新生大队暇港村会计的胡金孙回忆，20 世纪 70 年代初，农户自己杀猪需要纳税，一头猪是 4 元税票，猪肉价约 6～7 角一斤。

农户们反映，在上交生猪的过程中，收购人员看扣猪馊时估算重量的不公，会惹得他们心里不愉快。因为当时一只猪扣多少猪馊，完全由食品站收购人员说了算。显然，若猪馊扣多了，农户利益会受到损失，特别是当因一斤或半斤馊之差而导致价格掉下一个等级时，农户心里更会难受。因而，如何合理扣猪馊，就成了农民议论食品站人员善恶的主要话题。

三十八、农户轮流集体放牛

20世纪六七十年代，村里农户领养的耕牛在"双抢"使用前，一般都关在牛栏中饲养或派人牵到野外个别看养，目的是使耕牛不掉膘及为备战"双抢"做准备。经过"双抢"期间的紧张劳累，不仅人员感到疲乏，耕牛也普遍瘦膘，有的耕牛甚至暴毙，而这时，社员们还要继续努力做好双季稻、大豆、红薯、荞麦等作物的管理及其他事务。由于这个原因，村集体一直有一项公共制度，即将全村七八十头耕牛集中起来上山放养，每天轮流由一个农户负责看护，早上各户把耕牛送去凤形山集合，傍晚各户到凤形山领牛回家。集体放牛的主要职责一是把牛群赶到有草吃的地方去，不要让牛饿着，二是不使牛出现意外（如打架、跌伤等）或丢失，三是按时将牛群赶回凤形山集合地。如果牛在山上吃草很少或受到意外伤害，负责放牛的农户就会受到村民们的批评。

笔者也为集体放过几次牛，这一天中，有些紧张也有些乏味。当时，我看到许多牛难以吃饱，而牛又难以到达一些草丛茂盛的地方，我就动起了心思，有两次特意带上毛刀，将许多牛难以到达地方的好草割回来分给牛群吃。这一举动被村里一些社员发现后，感到很惊讶，他们似乎不明白我为什么要这样做。集体放牛的制度，节省了大量人力物力，双季稻也较少受到牛的侵害，同时，耕牛也得到了较好的体能恢复，种群更为交融。

三十九、参加炉前水库修建

受1957年大旱的影响，为保障农业生产，南安乡组织周围村民兴建了炉前小水库（相对1975年兴建的大炉前水库而言）（图3-6）。后来在人民公社时期，又先后依靠本公社的力量修建了蓄水量较大的庐下水库、炉前大水库、南门塘泥水库、中温牛栏山水库及蓄水量少些的三连山水库、苑前水库（图3-7）、月山水库、林场水库等。这些水库中，1975年兴建的炉前大水库，是除龙门口水库之外的蓄水量第二位的水库。其修建过程给广大干部群众留下很深的印象，自然也给暇港村广大社员留下了很深的印象。

图 3-6 炉前小水库

图 3-7 苑前水库

　　炉前大水库和炉前小水库，均是在百丈峰主峰下森林中有同山坑联系的水库，只不过，炉前小水库仅在一个山坑中筑坝而成，炉前大水库在它的下面约 500 米处筑坝而成，拥有的水源山坑增加了东边的罗坑等大面积的山坑，体量大多了，其坝体分主坝、副坝两部分，主坝宽厚且较长较高，比较雄伟壮观。

　　1957 年冬季兴建炉前小水库时，当时南安乡政府调集以新峰大队（含高边、炉前、各家、石坑、老头、槎源等六村）社员为主、兼有部分其他高级社社员的支援力量来修建。据傅法宗回忆，当时工地平时都有几百人在紧张施工，水库是完全靠民工手挖肩挑建成的。据高边村老社员李仕生回忆，修炉前小水库，主力军是他们本地几个村庄的社员，当时由于干旱，影响了粮食生产，国家又开始实行统购统销，农民手里粮食很紧张，上工地劳动任务又重，一天要挑很多担土，挖土的地方又坚硬难掘，有时又几餐吃粥，把大家都搞得很饿很累，再加上那时天气寒冷，真是吃了恶苦！

　　1975 年，为了储存更多的水量，扩大农田灌溉面积，炉前大水库（图3-8）开始兴建。由于工程比较大，修建人员除直接受益的原新峰大队六个村的社员外，南港公社还调集新生、暇港、皂港、漕家洲、东洛等多个大队的社员前来支援。

图 3-8　炉前大水库

　　据暇港村民胡狗仔回忆，1975 年是他结婚的那一年，这年刚栽完双季稻，公社就组织民工进坑开始修水库。他们到那里的第一步工作，就是为水库大坝清理基脚，为后面的堆土成坝打基础。

据村里参加过水库兴建的社员胡自成、胡全根、胡狗仔、胡能安妻温桂英、胡耐根妻杨根英等社员回忆，这次修炉前水库，感到非常紧张和劳累，干部群众吃了恶苦，对一些事情记忆很深。

一是劳动时间长而紧张。每天早上六点出工，下午六点收工，几乎每天天刚有点亮，就要起早做饭吃，然后走七八里路赶到工地，下午下班赶回家时天基本都黑了，一天到晚都在工地上忙。许多社员家中带小孩、养家畜、浇菜之类的事都无法自己来做，只好请别人来帮忙。当时，只有皂港村等少数更远地方的民工住在高边等村外，大部分民工每天都要早晚带工具远途来回奔波。中午这一餐饭，都由各自生产队就近负责供给。暇港村几个生产队选在水库工地附近的塘山村开伙做饭菜，吃饭时再把饭菜送到工地上。这次修水库整整花了半年的时间。

二是这年冬天天气异常寒冷，给大家出工带来了很大的影响。大家都记得，这年的霜冻特别严重，每天清晨的山路上，寒霜像一排排玉石般把地上的一些泥土鼓了起来（俗称马口冻），脚踏下去，就倒下一堆霜片；池塘里的水结成的冰，可供大人小孩行走；下雪天时，屋檐边的琉璃冻有一尺左右。就在这种严寒的时日里，只要不下大雨和大雪，民工们都要按时出工，许多民工因衣物鞋袜不足，防护缺乏，手脚被冻得开裂，行走起来痛得钻心，只有靠意志坚持着！

为了加快施工进度，最大限度发挥民工的积极性，指挥部开工不久就确定了挑土定额发牌子的方法，要求每个民工不论男女，每天完成一百担土的挑运任务，早完成任务早回家，晚完成任务晚回家，兄弟姐妹或夫妻之间可以代替帮助完成定额任务，每个民工挑了多少担土，以所获得的牌子为证。

为完成任务，民工们往往累得汗流浃背，一些老弱孕妇只好延时回家。胡自成妻子陈金兰因怀孕在身，行动较慢，难以完成挑土任务，往往只好由丈夫来帮忙解决。她感觉当时的任务对她来说定得过重了。至今仍然感慨不已。

三是公社领导干部为群众实打实带头，带动了大家的劳动热情。那时，南港公社党委书记胡秀才和副书记王瑞生在水库工地长期蹲点指挥。胡秀才书记在鼓励大家加油干的同时，还主动和广大民工一起挖土挑担，没有任何官架子。由于他担子中的土总是堆得满满的，荷重的扁担把他的肩膀磨得通红，大家担心他磨出血来，但他仍然不退出挑土的队伍。王瑞生副书记个头高大，力气也较大，挑土时总和青年民工一样走得飞快，同时他也喜欢和民工们开玩笑，态度很亲和，受到民工们的称赞和敬佩。民工胡狗仔很感慨地回忆道："当时干部的作风真是务实、正派，既当领导又当民工，为民工做出了好榜样，给我们的印象很深！"

四十、六名上海知青来村插队

1968 年，毛主席发出指示："知识青年到农村去，接受贫下中农的再教育，很有必要。"1970 年 6 月，正值早稻将要扬花结穗时，一批上海知识青年来到新余县上山下乡，接受贫下中农再教育和农村生活锻炼。上海知青坐火车来的时候，姚圩公社领导组织部分干部和中学生到黄土岗火车站迎接。我也有幸加了迎接队伍。那天，迎接队伍撑着红旗、敲锣打鼓地来到彭家洲袁河南渡口，等待迎接从黄土岗火车站下车过河的上海插队知青。

终于，上海知青下船了！眼前的他们，个个青春靓丽，朝气蓬勃，其中多数男生形体比较高大，女生婀娜秀气，让人耳目一新。在欢迎的锣鼓声中，面对蓝天白云与绿意盎然的乡村，知青们心情激动，充满好奇和喜悦。我们按计划分头一一接过他们的大小行李，用车把他们送去目的地。

来到暇港村插队的上海知青有 6 位，其中有两对姐弟，一对姐妹，分别是邬志明、邬梅芳、沈国剑、沈安琪、陈锡红、陈锡敏。年龄较大的姐姐为高中生，年龄较小的弟弟妹妹为初中生。其中邬志明、邬梅芳、沈安琪比较高大，与村里同龄人形态有明显区别。也因此，村里人对他们大都投以羡慕的目光，客气以待。

为了便于这 6 位上海知青的生活，大队领导把他们集中安排在胡香堂土屋中住下。胡香堂土屋形态古雅，内部有一口天井，阴静润湿，中堂周围有多间厢房，他们分别住在其中。开始一段时间，他们对下乡生活很不适应，做饭、买菜、洗衣、卫生、交往等各方面均感到困难，村里及时派人对他们进行了指导帮助，但他们仍经常感到茫然无措。邬志明、沈国剑两个姐弟组因家庭经济条件较好，人显得娇气些，工人家庭出身的陈锡红、陈锡敏两姐妹，为人则简朴勤快些。在众多不适应中，上厕所的问题尤其让他们为难。那时屋内没有冲水厕所，而外面村民的茅厕大都卫生条件差，权衡之后，他们决定暂时使用痰盂来解决如厕问题。

当时，知青下乡，第一年的粮食由国家拨给指标，习惯农村生活后，次年则参加集体劳动分配来解决。6 位知青被分配在不同的生产队，男的每天评给 7 个工分，女的每天评给 5 ~ 6 个工分。这样定分比较切合实际，还略微带有一些照顾性质。由于农村生活劳动比较艰苦，他们出工率比较低。参加劳动时，开始他们主要是观察和体验，后来才逐渐和社员们一起出工收工。由于他们个性新潮，不少社员十分关注他们的打扮和言谈举止，不尽好奇，同时大家也会给予他们同情与照顾。一些关系密切的农户，还经常同他们交流，送给他们一些蔬菜，帮他们买一些米、蛋之类的东西。受成长经历的影响，陈锡红、陈锡敏两姐妹逐渐能主动地接触社员，虚心学习劳动技巧，积极参加村里的政治文化活动，自我锻炼的意识比较强，而邬、沈两姐弟组合在自我锻炼上则显得被动一些。对于这些从大城市来的青年学生的不同表现，村里的干部社员都表示能理解，而且能长期耐心客气地对待他们、要求他们，没有发生任何冲突。

6 位上海知青中，给社员们留下最深印象的是邬志明。他个头高大，体肤红润，好奇好动，敢于交流与尝试。其次是陈锡红两姐妹。陈氏姐妹下放几年中最大的特点是为人朴实诚恳，不懂就学，参加劳动不怕苦和累，默默地改变着自己，与社员关系好，表现出虚心接受贫下中农再教育的先进态度。由于综合表现较好，后来，两姐妹中有一人在南港公社获得了被推荐上大学的机会。

四十一、部分青年社员参加兴建"分文铁路"

"分文铁路"北起浙赣线分宜站，南至永新县文竹镇，全长 158.45 公里，由江西地方投资，于 1971 年开始兴建。有关部门调集省内大量公社青壮年社员参加建设。

据暇港村参加该铁路修建的胡樟根回忆，1971 年 8 月，上面通知他和同村的胡菊郎、胡破仔三人参加兴建分文铁路。临走时，他们到公社粮管所开了自己口粮的支拨证，然后带上简易铺盖及锄头、粪箕就出发了。路上先是坐火车到达分宜站，然后坐货运汽车到达指定点，被安排住在当地农民腾出的房屋中，用稻草垫铺，吃饭由工地上的食堂负责，米饭可足量供应，菜品主要有南瓜、冬瓜、芋头等，约每 7 天有一次猪肉加餐。工作任务是按规划线路挖基础，清理淤泥，垫上卵石，再堆土筑实，铺石灰石，在石灰石上再铺钢轨。为防滑坡，铁路基础两边均铺上一层草皮，并用竹片固定好。

他兴奋地介绍道："修铁路的场面很大，长长的路线上都有人在紧张施工。我们投入施工后，为了完成好任务，将来能坐这条铁路上的火车去井冈山看看，在干部的带头和鼓励下，干活都十分卖力，加上年轻人喜欢竞争，工程进展很快。在那里施工一个多月后，就开始铺轨，之后我们便开始按计划返回。当时修路队伍分三批，我们属第二批，到达工地时，第一批民工还尚未撤出，在我们撤出时，还留有第三批民工在那里继续工作。"

四十二、政治夜校

20 世纪 70 年代中期，全国城乡政治气氛比较浓厚。为了方便传达和学习党和国家的方针政策及时事精神，方便集体学习毛泽东思想，方便开展村里的政治事务等，暇港村领导在南港公社领导的关心支持下，决定兴建村政治夜校。政治夜校选址在村中心被堆填的上房池塘的旧址上，北边紧邻上房水井，墙基上一米以内为青砖材料，一米以上为土砖材料，屋中设有一根大架梁，大门朝南。夜校建好后，屋内添置了若干长条松木坐凳及一个黑板。据当时村负责人胡梅根及社员胡全根等人回忆，政治夜校建成后，一些村民们经常会到这里看一看，坐一坐，聊一聊，成了思想交流的场所；这里除了举行过一些村务政治大会和学习会议之外，还分别召开过村妇女工作会议和村民兵工作会议。另外，村里也在这里组织过一些青年农民进行文化知识的学习。特殊时候，这里还会成为特定的会场。

1976 年 3 月间，上上下下都在紧抓春耕生产，田野里一片繁忙景象。就在这时，一位成分为富农的老村民在犁田时，没留意让耕牛多吃了一些红花草，结果不料耕牛肚子出现胀气，不久便踉跄倒毙。这是一头茂年黄牛，它的损失给春耕带来不小的负面影响。此事在村里引起震动，也引起公社蹲点干部的关注。有的干部认为，这是耕牛的使用者在有意搞破坏，必须对他进行思想教育。一天晚饭后，这位老村民被命令来到夜校，村里部分干部群众参加了会议。会议上，几位发言人对该村民不注意保护耕牛的不负责行为进行了深刻的分析批判，严肃指出他给春耕造成的不良影响。会议氛围有些紧张，但还比较和平，没有暴力行为，也没有决定进行处罚。这件事给许多人留下了对政治夜校的记忆。过了一些年，农村的政治气氛淡了，政治夜校的功能也少了，房屋逐渐出现破败，加上墙体主要为土砖材料，不久便整体倒塌了。由此，政治夜校遂成了历史。

四十三、村民兵建制与活动

中华人民共和国成立后，党和政府非常重视农村民兵在社会主义革命与建设中的特殊作用，一直将其看成是维护国家安全、维护地方秩序治安、保障生产的重要力量。新中国成立不久，村里便在上级领导组织下成立了民兵组织，一批政治面貌好、积极向上的男青年成了民兵的主要来源。后来成为村大队与生产队干部的胡有本、胡义良、胡仕华等人，在当时参加入了民兵组织。民兵的主要武器是梭标与少数大刀。民兵组织在协助农村新政权建立、维护农民协会运行、打击黑恶势力及土地改革中，均发挥了重要的作用。

1956年转入集体经济后，民兵成为农业生产中的突击力量，在挑塘泥肥比赛、兴修水利的突击中发挥出带头苦干的作用。据胡仕堂回忆，成立人民公社的10多年里，农村基层民兵工作愈加受到重视，20世纪60年代初期，村里的基干民兵组织已有一个连的建制，4个生产队各有一个民兵排，由胡克亮担任连长。农闲时，公社武装部常会将各大队排长以上的民兵干部集中在一起，就形势、思想作风及基本的军事技能进行教育训练，时间往往是一个星期或者半个月。有一次夜间，武装部干部突然带领排以上干部急速赶往百丈峰山脚下进行实弹射击演练，并先进行示范。每当大家看到枪响靶落时，就不禁发出一阵惊动山林的呼喊声，兴致都非常高！他还记得，当时他领有一支三八式步枪，还有五粒子弹。这五粒子弹平时只是被保管着，不能私自使用。排长集训期间，每人每天补助伙食费3角钱，这3角钱的伙食在当时使他们非常满意。

我还记得，1976年我从部队退伍回乡不久，大队领导要求我担任大队基干民兵教导员的职务，组织训练工作，对此我欣然接受，工作热情很高，组织队列训练时常借用部队的一些方法。当时，南港公社武装部发给了我村民兵一批新式步枪以配合操练，我和我弟弟胡全根各领有一支，平时枪就挂在楼梁上。过了一段时间后，这批枪一支不少地收回公社武装部。后来，由于形势发生了很大变化，村里的民兵工作也逐渐淡出了人们的视线。

四十四、生产队集体的扫禁

在生产队集体经营的过程中，公与私的矛盾始终存在着，有时还十分微妙、复杂，一些思想落后或利己意识严重的人，总想要通过不同方式来扩大个人利益，损害集体利益。对此，生产队为维护集体利益，必须采用各种规则来遏止损公利私的现象。村里的扫禁活动，就是当时维护集体生产利益的一种监护活动。

扫禁是整个村庄四个生产队的集体行为，主要目的在于及时发现或制止村民的牛、猪及家禽对集体农田作物的糟蹋损害，对犯禁行为开出罚单，坚决维护集体利益和生产秩序。扫禁的时间，上半年安排在早稻生长中后期的5～7月间；下半年安排在双季稻生长中后期的9～10月，特别是在水稻灌浆长实的成熟期，扫禁更会受到重视。实践表明：缺失扫禁，一些私心重的农户就会不自觉地放纵自己，村庄周围稻田的水稻会遭殃，如有的农户会有意放出家里的鸡群或鸭群，让它们钻进篱笆去吃集体的水稻，有的农户会有意把牛系在集体稻田旁边，让牛偷吃一些禾苗或稻谷，捞点小便宜。但邪不压正，只要扫禁人员有责任心，一般都能有效遏制住这类歪风邪气。

村里的扫禁，一般由四个生产队中的干部、民兵干部或骨干来执行，一次为两人，每天由两个生产队各出一人形成。扫禁时两人虽然空手走路，看样子轻松，实际上因维护集体财产的责任重大，随时都可能要同不良现象进行斗争，心理压力较大。并且，他们还担心领导群众议论自己失职，失去公信力，因而，许多人宁愿参加劳动也不愿意去扫禁。

我1976年3月退伍，受部队教育的影响，思想单纯向上，是非分明，又兼任大队民兵教导员，村领导分给我的扫禁任务要多一些。这其中，我也逐渐把握了一些扫禁的工作方法。譬如，扫禁时的脚步要勤快，视野要开阔，态度要善而正，脑中要装着问题和可能，讲话要有根据，既要坚持原则，又要灵活处置，不要激化矛盾，重在说理教育，尽量消除他人犯错的动机，优化集体利益环境。

记得在20世纪60年代初期，上房一名老社员因嘴馋，摘了附近学校的一点黄瓜，违背了禁约。有人发现后，采取了较激烈的方式，将他摘黄瓜的样子画在一张大纸上，配上文字进行讽刺羞辱，然后像海报一样张贴在显眼的村口位置。这样做虽然能警示广大社员，但客观上对犯禁者的心理伤害过大，如此公开进行羞辱，会使对方今后很难体面做人。大概大家也意识到这种方式的不当，以后再没有看到过如此处理类似犯禁事件的现象。

当然，遇到一些情节严重的犯禁现象，必须做出适当处罚，否则，会有禁难禁。有一次，一位社员家里十几只大鸭婆被悄悄地放进稻田吃食，明显违犯禁约。这一情况迅速被我们发现，主人家怕罚款数额较大，及时出面以"这些是鸭婆是不小心跑出来的""是刚进去田里"等理由进行辩解，情绪也很激动，甚至暗示如果处理不好就会结怨。面对这种情况，完全妥协不行，那样势必会产生负面连锁反应；生硬地简单处罚，又容易激化矛盾而扩大事态。情急之下，我们就让一位与主人家相熟的村干部来做疏解缓和及教育工作。这时，我们根据这次犯禁后果不大的实际，只给对方一点象征性的罚款，对方也欣然接受。对于这次犯禁的处理，着眼了当时管理的环境与条件，有理有节又有情，后来这家农户再没有出现过故意犯禁的现象。

扫禁不仅要关注农田（稻田、豆田、薯田）的安全，山林、水源的安全也必须兼顾。这一点，多数扫禁人长期不重视，导致山林长期存在被伐现象。有一次，夜已很深，村庄对面的凤形山忽然传来砍伐的声音。当时，山上的杉树是禁止砍伐的，只是一时还没有做出具体规定。听到这声音我感到不安，于是迅速披衣起床，拿起挂在楼上的新步枪（1976 年民兵训练时发下的，当时村里民兵共有 10 多支新步枪），叫醒邻居民兵胡水保，让他也带上枪，两人悄悄埋伏在靠近去凤形山路旁的干稻田里。不一会儿，一个身影肩扛一根刚砍的不大的杉木条出现在路上，我俩迅速上前查问，近前一看，他竟是一位有土改工作经历的村老干部。此时，他见我们深夜赶来维护集体利益，也深感自己的行为不妥，非常羞愧，进行了自我反省。

扫禁，是监督、处罚，更是教育，它不断培育着村民的集体主义精神和正义公平的观念。后来，生产集体解散了，扫禁的历史也就随之终结了。

四十五、种豆子与卖豆子

黄豆是生产队集体的一种地位仅次于水稻的经济作物。由于富含蛋白质，黄豆可用来炒豆子，做豆腐、霉豆腐等。据许多老人回忆，不论在新中国成立前，还是在新中国成立后，一般农户家每年都会生产一定数量的黄豆或青皮豆，以备过年做豆腐、做点心等作为礼物馈送亲友。

20 世纪六七十年代时，每年早稻收割来临时，每个生产队都会安排 20 亩左右较干爽的稻田种豆子。豆子种在割了禾的禾蔸一侧的间隙中，把几粒豆子放下去，然后用食指将湿润的泥土覆盖住豆子即可。待收起稻子后，禾蔸边就会冒起碧绿的豆芽苗来。豆田经过两次松土除草、施草木灰肥、放水等环节后，约在 10 月末，豆田里便满眼是一串串土黄色的豆荚了。经过拔、晒、收回，便等着择日打豆子了。

打豆子要选择深秋不易下雨的艳阳天。到时生产队会辟出村中一块较平整的地方来作为打豆子的场所，打豆用的砸板，有时是一块厚木板，有时是各种有平面的石块，如磨盘、碑石、麻石条等，由各家各户自己搬来。由于打豆子的劳动强度不大，一般都交给女队长去组织操办。那年的一天，下午艳阳明媚，我随伙伴们从皂港山上捡红薯回来，发现我家的门口空地已变成了晒豆笼和打豆子的地方，妇女们正在噼里啪啦地打豆子，一些泥尘随着紧握豆梗手的挥动飞扬起来，豆子哗啦啦地坠落在砸豆板下面。休息时间，我们欣赏着砸豆板下面一堆堆油黄黄的豆子，抚摸时那骨碌碌的触觉，至今记忆犹新！

生产队集体多是种黄豆，我家则多是种青皮豆。青皮豆比黄豆要大一些，产量较高，对肥料要求也高些。每年，我家仅菜地与自留地的青皮豆产量就有八九十斤。那时因国家粮食定额，有时粮食有些缺口，人们常会通过豆制品来弥补。因而，私人买卖豆子在当时较为常见。我家人口较多，需要付出许多现金去集体购粮，为了赚些钱，我12岁时就开始上街卖豆子了。

记得每次卖豆子时，母亲都会将两个装有30斤左右豆子的袋子准备好，夜里鸡叫后，又会将一碗油盐饭或蛋炒饭端在我面前。大概凌晨5点的时候，我就跟着村里赶市的大人队伍，向20里外的罗坊街出发了。在去的路上，小孩的脚步快，一般不会拖大人的后腿，但经过一些坟地路段时，我心里总是忐忑不安，十分害怕。尤其是村西一处叫湖桥神的坟地，去路紧靠坟头券砖边上，路过时我常胆颤心惊。

到了罗坊街，我们把担子摆在街边，尽量让过往的行人看到豆子的品相。许多人看见山里人的豆子饱满整洁，都会投来肯定的目光。真正想买豆子的人常会抓一把豆子打量一番，若认可，则会询问豆价，一般也容易交易成功。有时卖豆子的人多了，我们也只好将豆子低价卖了。那时的青皮豆，一斤价格是2角钱左右。卖完豆子，我的心情便豁然宽松下来，接着就会抓紧时间逛逛街，然后跟着大人们一起回家。至于回来时的情境如何，我现在已没有一点印象了。

四十六、卖柴与卖木炭

暇港村虽然农业生产各方面条件较好，但由于发展政策比较呆板，管理时有不善，村民觉悟有限，外出支援又多，所以经济水平一时难以得到理想的提高，农民在年终分配中获得的收入很有限。在许多年份中，多数生产队每10个工分只能分到七八角钱，能达到1元的情况很少见，甚至掉到过五六角钱！

农业主业收入不高，为应付生活，不少社员们就想以搞副业的路子来弥补。当时家庭副业的收入，主要是来自卖猪、卖柴、卖木炭等。其中暇港村人卖柴，在南港公社是出了名的。之后，村里人卖木炭的现象也比较多。

暇港人卖柴，主要是各农家的未婚青少年所为，参加生产队的成年劳力卖柴的情况比较少见，卖木炭的情况也是如此。如果主要劳力大张旗鼓地去卖柴卖木炭，显然会严重干扰农业生产，那公社、大队、生产队是不容许的！

要去卖柴、卖木炭，就先要砍柴、烧木炭。卖柴，分卖叶柴与卖棍仔柴、劈柴两类。叶柴、劈柴多半是卖给烧砖的窑用，棍仔柴多是卖给私人做柴火用。这两种形态的柴，大都需要到6里以外的百丈峰周围的岭上去砍。后来，砍柴的人多了，柴资源少了，还要翻过高高的岭顶到峡江那边的山上去砍。如此一次，清早持毛刀扁担邀伴出发，到下午两三点钟才能把柴挑回家，体力消耗很大，过程十分辛苦。

那时我们村里有一群10多岁的男孩女孩，经常聚在一块去砍柴卖柴。每次上远方陡峭高岭上砍棍仔柴时，都像打仗一般紧张，难有停歇喘息的机会，特别在砍柴即将结束时，我们几个年龄与体力较小的，开始明显跟不上大伙的速度。这时，领头的大女孩（如月英仔、樟英仔、柳英仔、梅英仔等），会适当地放慢速度等我们，我们的动作也会突然加快许多，一时显得手忙脚乱。待我们把柴担子整理好，大女孩们已经挑担启程了！

待挑柴队伍走到岭脚边时，由于劳累与天热干渴，我们总要"放一肩"。这时，大家都会跑到旁边的深水坑里去找水喝。深山水沟的小水潭中，永远会有一些泉水在那里流着或囤积着，纵是再热的暑期也是这样。当我们俯下身去捧水喝时，一些动作敏捷的黑虫总会浮在水面上晃来晃去，好像它们是护水虫似的。这类虫是无毒的，水可以安全饮用。大家咕噜咕噜地喝够了水，稍歇一下，领头的那位就又挑起柴担带我们出发了。

那时大伙虽然年纪小，但经过长期锻炼，行进的速度都比较快，此时的路上，大家个个累得面红耳赤，心跳加速，不停地换肩喘气，肩膀上的皮肤被磨得红红的。因路途较远，归途中我们要歇息两三次。如果家里没有大人来路上接担子，就只好自己硬撑着把柴挑到家！

砍一担待卖的棍仔柴或松树柴一般需要费上六七个小时，而挑柴去姚圩街等地卖时，也需要花上一上午时间。我们主要在姚圩镇上卖柴。那时，一斤棍仔柴的价格是一分二三厘左右，价格好时可以卖到一分五六厘。成人卖一担柴可收入一元六角左右，比在生产队一天挣10个工分（值六七角钱）明显要强一些。为了增加销量，有的农户成年男人会起大早悄悄推独轮车去卖柴。我们卖完柴后，就会买点馒头、凉粉之类的东西享用，留下的钱回家都会交给父母。那时的小孩都很顾家，为了顾家大伙都舍不得花钱，愿意流汗吃苦，非常淳朴。

在当时，卖柴多的农户，一年的收入有一二百元，比卖猪或者在生产队里收入的钱可能还多一些。也正是这一原因，一些社员的心事往往只用在家庭副业上，对集体生产不热心，少数主要劳力也经常不出工而去偷偷卖柴，有时赶集时一家几个人都去卖柴，被称为"卖柴专业户"。生产队的干部对这类社员也没有什么好办法。

在很长一段时间里，不少来村蹲点的干部都想扭转这种社员"不务正业"的现象，甚至明确要求社员不得参加这类活动，在白天或清早亲自阻止，但收获甚微。一些态度顽固的社员不等天亮就已挑柴走了。这种现象对农业生产造成很大影响。于是暇港村一直是县、乡干部蹲点多而久的村庄。

除了卖柴，村民中不少社员及家属还长期卖过木炭，不过规模没有卖柴那么大，利润却要更多一些。

卖木炭，先要在岭上有许多棍仔柴的地方用木炭窑来烧制。木炭窑大多是原来烧炭人所建好的，只要利用就可。几千斤棍仔柴砍好后，便将它通过窑门紧密地压进窑中。窑中装满棍仔柴后，就用泥土将窑门严密封实，然后通过挖在旁边的火眼，进行点火冲烧，经火眼柴火的不断冲烧加温，待点燃窑中棍仔柴上层后，遂可停止从火眼送火。到时，窑上烟窗冒出的烟会逐渐由"浑浊"色转向"清白"色。当整个窑中的棍仔柴都基本烧透时，窑烟就会出现"悬脚"一尺多高的现象，这时表明窑中棍仔柴湿气已经排干，正处在高温烧透状态。这时，便可最后封住火眼的进火口和烟囱，烧木炭的过程也就结束了。再经过几天的冷却，就可打开窑门收取木炭挑回家了。我长大到十六七岁时，曾和生根、梅生两个伙伴合作烧过三窑木炭。到后来，我又带着大弟全根、二弟小平一起烧了几窑木炭，经常到夜色苍茫时才从高高的岭上撤回来。那时的情形如今依然记忆清晰！

木炭是比较高级的燃料，一般在寒冬或过大年时用得比较多，它们销售价格也比较贵，优质的木炭每百斤要六七元钱。由于市场上买家会普遍砍价，为保住实价，一些人会将干木炭浸水出售，而且一样能卖得出。这种现象，往往使得许多卖木炭人的思想产生了变化，木炭浸水卖的现象也越来越多。卖木炭的收入比较多，许多农家过年都是用这笔收入来开支的。

烧木炭需要砍伐大量山林，百丈峰岭上的许多地方因此都变成了"光头"。可见这对生态环境的破坏很严重。

四十七、扳笋仔

提起故乡卖柴、卖木炭的事，也要回忆一番扳笋仔的事。百丈峰山麓的园前、东坑、三连坑一带，4月间小山竹笋出产特别多，也因而，村里勤快的少年小朋友又有了一个活计：扳笋仔。

小朋友扳笋仔，既可以为缺菜的春季提供一种食材，更主要的是，它是当时农户借助小朋友力量的一种经济活动，也是一种援助大人的辛苦劳动。一些孩子多、负担重的农户，往往会寄望于卖笋仔来贴补家用。在 20 世纪六七十年代，南港公社许多村庄都有这种现象。只不过，暇港村小朋友扳笋仔的劲头是他们难以比拟的，卖笋仔获得的收入也是最更多的。

　　记得小时候，我们清早出去扳笋仔时，天空往往比较阴沉，社员们正在水田里紧张地为栽禾备耕。来到青葱的山上，一种鸟总会在路边"金子块、银子块、金子块、银子块"地急促地啼叫个不停，惹得大家禁不住也学叫起来。经过 6 里多田岗路与山路，有经验的大姐终于把我们带到潮湿的园前山竹丛边。由于那时常下着阴雨，山林远近云雾缭绕，竹丛在雨水的滋润下，酝酿着一种强大的活力，边缘处小竹笋随处可见。此时，大伙一旦认同地点合适，就会放下包袱和绳子，各自迅速弯腰钻进幽暗的竹丛，接下就会传来踩响碎枝叶的声音。由于这里的竹丛坑坡度不大，水气较足，四面枯叶累积，腐败味很浓，所以小竹笋生得多，分布广；特别是靠山壁或水沟岸边，泥土松而厚，往往会出现许多紫红色或青红色的大笋。这时，也往往是我们最为兴奋的时刻。

　　小朋友扳笋仔时，一般只会想如何找到竹笋和或多扳些竹笋，其他的事根本顾不上。事实上，在竹丛里钻来钻去是比较危险的。这里的危险，一是来自竹丛中随处都有的锋利的尖兜、刺，若不小心或躲避不及，手、脚、脸、头就可能受伤，曾听说，皂港村有人把眼睛都刺瞎了。二是竹丛中藏有的一些毒虫，如蜈蚣、百节虫、黑蚂蚁、毒蛤蟆，还有刚刚醒过来的腹蛇、金环蛇、银环蛇等。它们一般都待在阴暗处，有的在缓慢地蠕动，若不小心受到它们的攻击，后果可想而知！因而，大家在行进中经常相互提醒。如果某人发现一条蛇，就会大叫起来："这里有蛇，莫来！"我也多次历经险情，只是小孩眼尖步捷，幸运躲避掉了。三是一些竹坑的空间坡度较大，地面又滑，小朋友找竹笋要爬来转去，若失足摔倒，就可能受伤。此外，暮春的山竹坑中，不论什么天气的早晨，竹叶上总是挂有许多水珠，我们在其中穿行，身背、脚下总是湿漉漉的，有一些防护也不济事。因而有人这样评论说："这样去扳笋仔，是拿命去拼，拿身体去换钱。"

　　扳笋仔是一项高强度的劳动。我们在竹丛中钻来转去，始终要弯着腰，双手还要不断扒开枝叶搜寻目标，两脚移动时也是躬着身的，加上腰中系着一个装载竹笋的布袋，负担情形可想而知。扳下的笋仔，一般随手把它放进系在腰间的布兜里，等到两边布兜都装满小竹笋时，大家便会相约出来把笋仔卸在入口处放行装的路上，然后，再去找新的竹丛扳笋仔去。

　　经过三四次卸下笋仔后，或突然下起了较大的雨，收工回家的时间也就到了。因年龄和能力不同，小朋友一次扳笋仔少的有三四十斤，多的有六七十斤或更多。这时，大家会迅速将竹笋打包捆实，有少数人则用谷筐来装笋仔。收拾停当后，大家就担着扁担将竹笋袋或谷筐一闪一闪地挑回来。

据胡狗仔回忆，当受到春雨的浇淋后，大家往往像落汤鸡一样，身上冷得发抖，这时，我们往往会停在离山不远的一个叫塘山村的众厅里，在那里向老乡借火，拔禾堆中的稻草来烤干一下身上的湿气。

挑着小竹笋到家后，经过剥壳环节，嫩白色的笋芯被扎成一小捆一小捆的，以利于卖时挑选和称重。我的朋友胡狗仔的手工技术特别好，他绑扎的笋芯十分整齐美观，令大家羡慕。当笋芯全扎好后，便只待次日挑去姚圩或黄土岗等集市卖了。

由于赶集市的路途较远，又担心误市，我们一般在凌晨三四点钟便要起床吃饭，然后在汪汪的狗叫声中挑起担子，与相约的伙伴一路而去。这时候，眼前的路总是朦朦胧胧的，踩着路的影子，我们深一脚浅一脚地往前赶，像急行军一般。将近天亮时，我们一般都已到达姚圩集市；而赶去较远的黄土岗街时，天刚亮时，则还需要在彭家洲渡口边坐上一会儿，等着撑船的师傅引船靠边。这时，我们常会光着脚趟进河里，用手捧起一些河水来畅饮。据已嫁到东洛村的胡梅英回忆，有时，她和弟弟胡梅生挑笋仔过了彭家洲渡口后，为了挣早上的工分，自己还得马上返程十六七里路赶回。

上船过彭家洲袁河渡口，平时一次需要交费5分钱，涨水时则需要交费1角钱。坐在船上，望着袁河里涌动的清澈流水，我们的心情会轻松许多，同时，又会担心下一个挑战。只有把挑来的笋芯全部卖完，心情才会真的放松起来。每当这时，善于打算的老朋友胡狗仔，就会建议大伙去饮食店买一碗2角钱的馄饨或一两个馒头吃。此时，我们品尝着热乎乎的食品，内心感到很满足。吃完后，我们就又结伙快步走回远方的家。

往事历历，恍如云烟，但不可遗忘。拔笋仔、卖笋仔，以及卖柴、卖木炭、卖豆子，这些事对当时我们这些正在成长的贫苦少年来说，是一条辛劳的路，也是一本历练的书，培养了我们勤劳勇敢和拼搏的精神，给我们留下了难以磨灭的记忆，在现在看来是弥足珍贵的！

四十八、生产队的农田面积、粮食总产量及公粮、征购粮

20世纪六七十年代，特别是在20世纪70年代，暇港村4个生产队的农田面积均比较稳定，这时，粮食产量因肥料、品种、夏收面积的变化而有所增加，但增加的数量比较有限。

在20世纪60年代中期就一直担任第一生产队第二任队长的胡建安，我访问他时他已年近80，但仍然耳聪目明，对往事都记得很清楚。据他回忆，当时，暇港村每个生产队都有农田240亩左右，其中一半以上农田要种双季

稻。每年他这个队的粮食总产量约 13.5 万斤（平均亩产约 550 斤）。这 13.5 万斤粮食总产中，需要上交公粮（即税粮）5000 斤（每亩公粮约 20 斤），上交征购粮 3 万多斤；用来做社员口粮的部分约 8 万多斤（当时每个队有人口一百三四十人，由国家计划规定平均口粮为 600 斤）；需要留下一部分种子粮，有时还需要把少部分粮食作为备战备荒的储备粮。另外，集体参加外地水利建设等，也需要一部分粮食来解决午餐问题；每只耕牛每年需要称 30 斤粮食给户主。就这样，粮食基本做到了产需平衡。

四十九、村里的医疗条件与大队赤脚医生

20 世纪 70 年代，暇港村民遇到的疾病治疗问题，一是靠公社医院，二是靠赤脚医生。

那时候，南港、姚圩、泗溪各地都有一个中心医院，每个中心医院都有两位以上的专业医生。南港公社医院坐落在南港公社行政驻地的南门村，因此人们也称南港公社医院为南门医院。那个时候，村民出现外伤、内痛、感冒、腹泻、生产等情况，大都会赶来南门医院。南门医院设施虽然比较简陋，但功能较全，有挂号室、诊室、药房、手术室和病房。后来，因用房紧张，公家又把邻边的房间改造成医院用房。在较长一段时间内，医院由一对医学院校毕业的夫妇主持西医诊疗工作，男医生姓杨，女医生姓蒋，蒋医生担任医院院长；中医方面也有一个专业医生坐诊。医生们一门心思给病人看病治病，到月底国家发工资给他们。

那时老百姓看病的医药费都很便宜，除了挂号费及少量医药费外，其他如咨询、检查、手术、住院等，大都不用病人付钱或付很少钱。当时，由于群众的体力劳动量较大，饮食中又缺少油脂、蛋白质等成分，像"三高"这样的代谢性疾病很少见，常见的疾病是营养不良、环境较差产生的疮毒、肺病、肝病、感冒、小儿病、创伤等。在人口较少的南港公社，医院里的病人不会特别多，农民如逢大病、重病，该医院因条件不足难以治疗的，则会转向县人民医院治疗。记得我母亲在 40 岁左右时曾得过一次大病，当时我父亲担心南门医院治不了，就直接带她去县人民医院治疗，历时 1 个多月才出院。当时家里所花的费用比较少，没有听过交不起住院费的事。另据宜春市人民医院一位年逾 80 的退休医生回忆，在 20 世纪 70 年代，一个病人要住院开刀，只需要挂号费几角钱，还有一些药品费，出院时，一共只有 100 多元费用。他还回忆，当时该医院一年收入的总额才 30 多万元。可见，当时病人的负担是比较轻的，基本上是公费医疗。

　　当时农村人治病负担的情况，也可从我经历的一件事中具体感受到。1976 年 3 月，我从部队退伍回来。这年秋天一个日已偏西的下午，我和一位社员正在扫禁途中，忽然一群捕鱼归来的少年朋友好奇地围向了我，并热情地开起玩笑来，其中有一个叫"气包牯"的男孩还拿着一把刚磨过的小刀，笑嘻嘻地地向我晃动着。我怕他的小刀会伤到旁人，就想上前抓住他的手，不料他拿刀的手猛地一下向后挣开，锋利的刀刃直接划向一位挽着衣袖的少年的左手臂，两三寸长的肌肉瞬间被剖开，肌肉内的结构清清楚楚地呈现在我眼前。我一时被吓懵了！但部队培养的素质使我马上做出反应：赶快带他到医院包扎！于是我迅速将他的伤口压住，另一手紧握住他左上臂，防止鲜血大量流出，然后带着他一路直奔南门医院。在近 3 里的路上，我们取直道行进，逢田过田，逢坎跨坎，终于在较短的时间到达医院。

　　在医院值班的杨医生前来一看，也大吃一惊。经我介绍和请求，也没有经过挂号、交钱等手续，他马上穿起手术服，叫人拿来消毒药剂，马上进行缝合包扎，整个过程 30 分钟左右。

　　那时，许多农民对疾病的防治既不太懂也不够重视，加上到医院治病毕竟要花点钱，因而，很多病人的病情常被耽误，一些常见病、多发病未能治疗或预防，一些家庭因此会陷入困境。在毛主席和党中央的重视下，一种密切联系农村群众的合作医疗制度及后来的赤脚医生出现了。合作医疗与赤脚医生虽然有其天生局限性，但它能够起到让农民看得起病和早防病的重要作用，确实有效提高了农村人口的健康水平。不久，合作医疗与赤脚医生的制度通过国家卫生部门的试点和经验总结后，逐渐向全国农村推广。

　　新生大队合作医疗站设在南门村的大庵中，那里原是南港公社政府所在处，房屋条件较好。当时大队合作医疗站有三位来自农村的医务人员，他们是暇港村的胡樟根、哲山村的胡道牯、横坑村的李福明。平时，农民来医疗站里看病，只需要交 5 分钱的挂号费。站里的主要用药是中草药。那期间，南港地区还没有正规的中心医院，附近正规的中心医院设在姚圩镇，规模还比较大。

　　1973 年 1 月，原来庞大的新生大队又被分成原来的五个大队，各个大队开始创建自己的合作医疗点，并各自配备一名赤脚医生。暇港大队医疗站的赤脚医生是胡樟根，他的工作场所设在庵房的一间房中。胡樟根文化水平不高，但经过到新余、南昌等地的培训，他懂得农村常见病中的一些基本道理及治病处方、药品性能，并在他父亲胡善安的帮助下，懂得不少用草药治病的方法。

作为大队赤脚医生，胡樟根亦医亦农。乡亲们有病时，首先会联系他来处理；医疗站没有病人看病时，他就去参加生产队劳动。担任赤脚医生的工作报酬由县卫生行政部门定向补给下发。当时，我经常会去医疗站看看。一进去医疗室，就会闻到一种强烈的消毒药剂味，那里确有不少治病的药品（指西药），中药也有一些，但比不上西药用得多用得广。况且，中药中很大一部分是来自本地的草药，多是用来消炎的。例如大青叶、金银花、板蓝根、车前草等，其中又以大青叶使用得最多。

五十、来村蹲点劳动的县社干部及工作印象

新中国成立后以来，党和政府高度重视农业生产的发展，千方百计为农业发展提供各种有力支持，包括干部参加劳动这项影响深远的措施。自成立人民公社以来，县、公社派干部到农村蹲点指导、参加农业生产劳动，已成为常见的一项制度。一批又一批县、社干部来到暇港村蹲点劳动，一次又一次地体现了上级对暇港村农业生产的关怀，也留下了许多生动感人的故事。

据胡郁文、胡仕堂及笔者回忆，1961年早稻成熟之前，新余县人民武装部为落实党中央关于要大办农业、各行各业要大力支援农业的精神，委派支援夏收的一行三人来到暇港，他们分别是杨万荣科长、王宪宗科长及周宗保同志。他们同住在大队办公处的胡国顺土屋中，平时积极了解村里农业生产情况，主动参加生产队劳动，和群众关系亲密和谐。这三人中，杨万荣给村民留下的印象最是深刻。杨万荣是南下部队干部，个子高挑，面容清癯，有些粗胡须，经常穿着一身黄色军装，系腰带，腰带边佩着一支驳壳枪。他与村干部群众交谈时，态度十分谦和，声音轻细，体贴对方，办事细心，经常亲临夏收劳动，充满人民子弟兵为人民的忠实情怀。

为了保护生产队在远处收割的稻谷不被盗，杨科长曾凌晨单独起床赶去巡视，待早上回来时，清瘦的他带着满身的露水与湿气。看到他那忠诚的为人民服务的形象，让儿时的我打心里感到敬佩！

在早稻尚未完全成熟时，杨科长经常外出巡视水源情况。有一天接近中午时，气温特别高，生产队社员胡财成为给村前稻田放水，受热中暑。正在附近巡视的杨科长发现后，迅速上前躬身将他及时背回村，由于救护及时，胡财成不久便苏醒过来。这件事被村民传播开，给人们留下很深刻的印象，大家一致称赞他是一个好干部，是一心为民的好解放军！

据胡郁文回忆，杨万荣科长一行三人来到村里蹲点时，住地与他家很近，自己当时在南港小学教书，晚饭后经常会去大队部看望杨科长他们，这

使得杨科长感到很亲切。不久，杨科长得知胡郁文将要结婚，专门买了毛巾、牙膏、茶缸等东西赠送给胡郁文。由于双方关系好，杨科长支援夏收返回后，胡郁文还专程去新余县城看望过杨科长。当时杨科长正在和同事们洗井，见胡郁文前来，马上停下活计带他回家予以招待。

据胡仕堂回忆，下来蹲点的干部，有的时间为一年，有的时间为两年，还有的是阶段性的。平时他们都与干部群众一样生产生活，没有一点架子，尽力关心生产。他记得，一位姓梁的县里干部曾来第四队蹲点，住在上房厅中厅东边隔壁的办公地。一次，队里男社员为3里外小江边的农田送牛粪，副队长胡仕堂负责带队打头，一个下午竟挑了7担，往返共14次，劳动强度相当大，连青年的他都感到很吃力，可老梁却一直参与其中，也一同挑完7担，没有任何埋怨！

县里来村蹲点的干部，一般都住在村大队部（胡国顺土屋中）。公社来蹲点的干部，则是早来晚回，午餐在农家吃派饭。公社派下来的干部中村民印象最深的有龚永华、欧阳明、刘德贤、刘东荣、王瑞生、胡秀才等人，其中，胡秀才、王瑞生还分别是南港公社的党委书记和副书记。

刘德贤曾在村第四生产队蹲点两年。他是邻乡泗溪人，个头略高，瘦，了解本地人情风俗，为人热情从容，能积极联系干部去讨论生产发展事务，尽力落实上面的政策及指示，除参加上级会议或有紧要事情外，他几乎天天与生产队社员一起下田劳动，太阳把他的脸晒得又红又黑。他不介意和大伙开玩笑，群众也把他当作自己人。

刘东荣是姚圩刘家村人，中等个子，圆脸硕头，衣着整洁，重视文化修养，心地善良。20世纪70年代中期，他在暇港村蹲点较长时间，喜欢思考中央精神和深层次的问题，关注农业生产和社员的思想状况，经常和大队干部、生产队长讨论公私问题、大局问题、政治问题等，立意较高，不苟言笑，直言快语，和多数社员关系还好，但有的社员对他有敬畏有提防，主要原因是他会对人当面拉脸批评和提要求。他和笔者有过多次接触，他多次从理性的角度谈过生产中的问题及自己的看法。他也经常参加生产劳动，但注意穿衣戴帽，动作从容。

当时最让人回味的蹲点干部是南港公社党委副书记王瑞生。王瑞生也是邻乡姚圩人，个头高大，长方形脸盘，黄铜色的脸上常带着淡淡的忧愁及幽默和蔼的微笑。他来村蹲点的主要目的是想通过自己的努力，来以点带面地改变暇港村生产队的落后状况。青年胡菊郎任队长的村第三生产队，是全公社农业生产落后的一个典型。由于管理不善与人心不齐等问题，队里一度年终分红每 10 工分只兑 4 角多钱，与其他生产队差距较大。为扭转该队落后的局面，王书记下定决心来该队蹲点，除开会或有要事处理外，他一般都在生产队里调研、指导和劳动。清早他步行 3 里多路赶来，中午在村里吃农家饭，到傍晚收工时才返回公社住的地方。

在暇港蹲点时，王瑞生最关注生产落后的干部群众，平时注意了解、交流和教育宣传，重视转变思想和思想挂帅作用。他强调全体干部社员要认真学习毛泽东思想，学习大寨艰苦奋斗的创业精神，自觉为生产队承担好各自的责任。可是，由于传统小生产利益观念、眼界狭隘等原因，总会有一些人不顾集体生产，悄悄去搞一些来钱快的家庭小副业活动。为此他一再表示反对，并亲自进行阻止，但实际效果不够理想。

事实上，对于农闲时社员及一部分小孩做些卖柴、卖木炭之类的小副业，以帮助家庭增加些收入，王书记是理解的；同时，他也一再真诚希望社员们能齐心搞好集体生产。在生产队会议上，我曾听他反复讲这个道理：社员只想着搞自己的小副业而不顾集体生产大局，干集体活出工时少出力，这是损公肥私的表现，如果社员们都只想着个人的小利益，集体生产就会人心涣散，搞好集体经济就成了一句空话。在这个问题上，大多数社员都明白他以集体为重的无私之心，责任之心，加上他作风比较温和理性，批评教育时注意方式方法，大家都很佩服他。

作为一个公社主要干部，王瑞生常和社员同出工同收工。在主持修建炉前大水库大坝和维修加固龙门口水库大坝时，他凌晨就来到施工现场，和民工们一起挑担运土，一起用餐，处处起领导示范作用。春插、"双抢"期间，他在田间地头与干部群众一起拔秧栽禾，一起挥汗赶进度，不厌其烦地向社员解释上面要求水稻合理密集的精神，语重心长地要求刚从部队退伍的我用打格子的方法来加以落实，以提高粮食产量。由于又费心又用力，他常常累得连腰也直不起来。可当他走在归去的路上时，又总是和大家谈笑风生。

五十一、清末民初出生的部分老人印象

在新中国成立后 30 年左右的时间里，村里一些清末民初出生成长的老人先后去世。他们的年龄大都在七八十岁，受过中国封建社会晚期人文风气的熏陶，带着那个时代的一些观念与习惯，给笔者留下许多难忘的印象。

由于农耕文化的封闭和交通的不便，这些老人中许多人一生都未去过新余县城，没有见过电灯，没有见过火车，基本的活动范围就是南安、姚圩及罗坊、泗溪等周边乡镇及新干河埠一带。因而，他们的视野比较狭小，看的

是乡村风貌，想的是乡村人事，听到的各种外来新闻轶事，也多是一些不够严谨的传闻。此外，受村里长期办私塾的影响，一些人对圣人孔夫子比较关注，尊敬孔夫子成为为他们的一种价值观。因而，有的老人家里挂着孔夫子的画像，如胡和顺老人家的堂壁上，就总是端正地挂着一张孔子的致礼像。总体来看，对外面的世界，他们大都难以真正知情知味，只有些简单的观念片断。

除了生活圈子比较封闭外，他们给我留下的第二个印象是穿着简朴而近同。在深秋直至次年初夏，多数老人都常穿着一件深色的棉衣或由两层布做成深色长衣裙，其衣扣也是用布做的。为了保暖，老人们大都会在腰间扎上一根纱巾带，头戴一顶筒式的旧帽子。

譬如，中房的胡怡贞、胡顺贞两兄弟的装束就是这样的。有了这种装束，既可劳动时变得利索一些，也可以减少些身上的衣着。当在某些劳动量较大的场合时，他们就会解开腰间的系带。70多岁的胡生成上山砍毛柴，回来时他总会把解开的巾带挂在担上；胡财安在生产队劳动中积极肯干，身上发热时会把松开的围巾搭在肩上，并不时用围巾擦一擦脸；胡和顺年龄较大，我未见他参加过集体劳动，他常穿着一件颜色陈旧的蓝白点相间的长裤，端坐在大厅下前面晒太阳，说话较少。此外，大多数老人的下身都穿包身裤。包身裤大而松，穿时只需用裤头把胯上部腰身一包，然后紧折住压在一根绑带下便可。

第三个印象是在简朴的着装上面，他们的脸形与表情具有分辨度高的个性特点。这种个性特点，受农村生活环境较落后及文化滋养不同的影响，差异较大。胡恒安老人相貌敦厚而略带木讷；胡怡贞老人长方形脸，神态一向凝重孤独；胡堂贞老人长满菊花纹的脸颊经常带着笑意，神情乐观单纯；胡秉章老人脸上皱纹较深，深思时总略带点愁意，表情稳定；胡顺贞老人面容小巧玲珑，神情幽默诙谐；胡和顺老人的脸色充满着沧桑的味道，内心似藏有许多话语。多数老人对待外部事物缺少兴趣，性格偏于保守，为人处事有较多的相同之处。

第四个印象是不少老人嗜爱吸竹筒烟。这些老人平时生活消费都十分简单，大凡粗布淡饭的，吃一些米粥，一两个粗菜，或偶尔喝点薄酒而已。但有一种嗜好却给我留下很深的印象，这就是吸竹筒烟（当时抽香烟的人很少，吸竹筒烟是传统农民的爱好），烟瘾对他们头脑的控制力显得十分强大。

中房人高瘦个子胡来贞生性聪明，从小熟诵好学，能动性强，晚年为操持幼子婚事而里外操劳，忙忙碌碌。回家后，唯一能使他暂时安下心来的事，就是拿起那杆古红色的大竹烟筒，坐在凳上点起火苗来抽上一阵子。他用的烟丝是自种自制的。得力的烟流随喉而入，随鼻而出，接着痛快地咳上几声，然后将烟筒眼在凳腿上使劲地敲上几声，一股烟油中飘出的焦味呛入心肺。抽过一阵后，他才会释然地走出家门干活去。由于嗜烟，晚年时他的肺部因病而出了致命的问题。

胡顺贞晚年和儿子儿媳分开单独生活。他体力较弱，吃得较省，据说有时一根猪骨头要被他煮上好几遍，但抽烟却从不间断。他的竹烟筒较小，上烟快，点火快，吸烟也快，吹灰更快，仿佛全是经典动作。在缭绕的烟雾中，他总要笑眯眯地和别人唠叨一阵，评人论事入趣，什么光绪皇帝、慈禧太后的，他总能说上几句来，给儿时的我留下较深的印象。

胡顺贞的兄长胡怡贞，和他性情差别大，平时喜欢一个安静地独自走动，有时会自言自语地表达些什么别人不关注的话，同时手中也总是在拨弄着烟斗和烟袋。烟稍平息时，他就会习惯性地把手中的火苗吹旺一回，然后点烟抽上一口两口的。此外，胡富贞、胡生贞等老人，都是长期的嗜烟者，他们常常咳嗽不停，声音嘶哑，让人一次次感觉到吸烟的危害性。当然，也有少数老人天生对吸烟不感兴趣，他们在饭后或闲时，常是较单调地站着、看着。

还有许多女性老人，她们虽不吸烟，却也有自己的生活嗜好，如整理自己、坚韧勤劳生活，乐观度日。

胡财成母亲花溪龚氏，因家里贫穷，一生所用衣服很少，平时总围着一件深蓝色旧外裙衣，一顶旧棉帽，两只裹了的脚走起路来一摇一摇的。为了家事或心事，她总是这里看看那里瞧瞧，又忧心又从容。胡堂贞妻子姚家人姚氏，只生了一个独女，外形特别标致漂亮，满面春风，做人真诚友善，情商很高，令周边人们钦佩。女儿外嫁后，她晚年与丈夫堂贞相依为命，一直坚持自己挑担种菜，整个人除头发花白蓬松外，衣着历来整洁，但精神上有时会带着一些失落感。

我叔公婶龚氏，穿着朴素，身上始终扎着一个护坐的围裙，家里地上桌上也一向收拾得干干净净，待人接物总是笑嘻嘻的。我祖母艾细莲，丈夫中年去世，她坚强面对生活，带着三个儿女勉力持家。她裹过双足，衣着总是简朴大方，腰边围着一个大围裙。六七十岁时仍照常下地淋肥种菜，夏热冬寒时，她感叹中悲天悯人，教育我们米谷来得不易；有点好的东西会细心留下给孙辈吃。为了解决穿衣问题，她买来棉花加工成棉条，架起纺车搅车纺线，然后又和媳妇一起，借胡柏华家的织布机装机织布，时常早出晚归，步履蹒跚地匆匆来回，我去找她时，看到过她左右扳机的织布情形。天寒时，她不顾年迈体弱，照样急着来回，一心想着把布织成。她独自分开住禾间时，床上缺少垫被，就经常用勤换新稻秆的办法来保暖。

胡草根、胡保根的祖母温氏，清末时出生，两个儿子先后因病早逝，她带着媳妇、孙儿艰难度日，平时一身黑布衣裤裹着，虽然有些老态龙钟，但她似乎从来不受身外环境的约束，暗红的脸上生着一些痣点，耳背时懂得话意后常转头自乐。她学过乡下民医的火灸（漆火）技术，年至八九十岁时仍会为一些村民做些火灸驱病的事。我曾近边看过她漆火的情景，感觉有时效果还挺灵验的，病者的症状消失得较快。只可惜，身边没有传承她手艺的人。村里的孤寡老人中，她的坚强与乐观是很典型的。

五十二、村风俗中的结婚、唱戏、人口登籍、打鼓与节庆概貌

（一）结婚

新中国成立后的几年，村里人结婚的过程和之前差不多。例如，1950年胡永华结婚，1951年胡仕华结婚，其内容、仪式和之前基本一样。这也反映了人们的婚姻生活价值观。随着经济基础发生重大变化，经过土地改革、集体化道路过程的洗礼，村民结婚的方式逐渐有所变化，主要是婚约过程变得简单了（送庚榜、算八字内容开始少见），婚礼仪式有简化。20世纪六七十年代，结婚的主要过程是媒人介绍、双方见面同意、协商礼金肉面、打结婚证、择日办婚礼（新媳妇有的坐花轿，有的不坐花轿）；再往后，破除旧风俗，女方乘花轿嫁人的较少见，结婚仪式也越来越简单。

（二）唱戏

新中国成立后至20世纪70年代末，暇港村中的唱戏与看戏的风气一直比较浓。我记得小时候村里的一些性情活泼的中青年人组成了一个配有道具的戏班子，冬闲时，他们会集中力量学戏和演戏。演戏的舞台一般搭在上房厅。因教戏、学戏的人们都比较认真，他们的戏目在村里公开亮相时，总能使观众们获得不少收获和感动，蕴涵着时代的正能量，微妙地促进着村民们的思想情感的成长变化。

大伙曾记得，有一个名叫梅根的高大小伙子，他在一出戏中戴上将领行头由后台到前台亮相时，会大声喊道："太阳一出满天红，爷爷身在此山中……"此时观众见了都拍手称好，充满欣赏之情；还有一个叫"高新仔"

的青年男演员，善于男扮女相。当他戴起假发表达角色的悲哀之情时，又是顿足，又是抹泪，声音凄惨哀婉，使不少观众真以为他在大哭一样，尤其他与龚梅兰表现夫妻深情时，两人默契挽袖、倾诉、安慰之状，更是给大家留下难忘的印象。由于演员比较投入，剧情比较生动感人，远近看戏的人络绎而至，有时连下厅也挤着许多立在凳子上看戏的人。

戏剧贵在交流，乡村唱戏更是看重交流的氛围。我村的剧团会到外村演出，外村的一些剧团也会被邀请到村里来演出。有一天晚上，外村的一个有些名气的剧团在村里演出，戏台搭在楼门的后面，演出戏名叫《破伞记》。演出时观众爆满，一些公社干部也从南门赶来欲饱眼福。由于剧组人员演出水平较高，戏中故事情节表现得生动感人，尤其是琴师用二胡弦声刻画一位小偷行窃时的心虚不定情态时，全场寂然无声，观众全被带入戏中情节，非常幽默精彩。

人们喜欢看本村的戏，也喜欢去看外村的戏。我们曾多次晚饭后跑去邻村花溪、南门、哲山那里看戏。其中，去花溪村看戏的时候较多。花溪人自己不唱戏，但他们常会邀请姚圩、罗坊等地的一些同姓剧团来演戏，这些剧团的历史都比较悠久，演员们都有较好的艺术功底，人们能感受到较浓的戏味，剧中所塑造的一些角色，如薛仁贵、薛丁山、樊梨花、穆桂英、杨宗保等，给我们留下了难忘的记忆。花溪人在张罗唱戏期间，往往会接一些亲戚住下来看戏，这也能反映出花溪人对亲情的重视与渴望。

乡村剧组唱戏需要整齐的演员班子，班子不行，戏就难唱得久。到了20世纪70年代中期，村剧组大部分老演员退出，接班的新演员在唱戏理念、唱功、动作技巧、经验等方面都明显要弱许多，因而，后来虽然也添设了许多道具服饰，也曾有过到外村演出的实践，但毕竟因为内部缺少演得好的骨干、戏剧文化力量弱及演员表演呆板不生动等原因，剧组的形象越来越受损，生存压力越来越大。没过多久，团队就悄悄地解散了。

（三）人口登籍

人口登籍事务较新中国成立前已大有简化。基本情况是每隔五年左右，暇港新老屋（村）一些负责人就在一起商量人口登籍的事，确定人口登籍时间后，遂组成一个各村均有代表参加的人口登籍领导小组，同时在暇港新老屋选出一个有登籍能力的班子来承担具体事务，指定一些信息员负责提供相关人口变化情况。底稿拟定好并经领导小组审定后，交印刷厂印制。全套家谱一式四份，暇港村上房、中房各存一份，率田村、老头村各存一份。

（四）打鼓

新中国成立前后村里有打鼓的风俗。我记得小时候，每临到过年时，南安山坑里的暇港村及邻边的村庄，就会传出一阵阵"咚隆、咚隆、咚隆……"的打鼓声。它好像是云雾一般，忽隐忽现地飘浮着。尤其是当我们从姚圩街赶集买完年货返回时，远望家乡寒色迷茫一片，听到远近村庄交互传来的鼓声，浓浓的迎春喜意会油然袭上心头。当然，印象最深的还是大年除夕。那时刻，村中各家大小都围在酒桌边喜气洋洋地团年，欢声笑语不断，尤其在听到众厅传来的一阵阵激昂的鼓声时，更是让人兴奋不已！

如今鼓声虽然难以听到，但原先在鼓声中开厅门的习惯仍在仿行。据胡自成回忆，现在每年过大年时，村委仍然会准备好一些守岁的柴火，指定几个人来烧火守穿心夜。到子夜 12 点时，这几个人要负责逐一关好村里四个众厅的门，待开天亮时，他们又要负责逐一打开四个众厅的门。与之相比，只是缺少了鼓声。

春节打鼓是祖先积淀下来的一种村俗文化，其风格特别，能振奋士气，增添意趣，同时也能很好地锻炼青少年鼓手的体质、意志力及公益精神。新中国成立后，过年打鼓的村俗接着流传了 20 多年，我也曾登台和伙伴们执棍打过阵鼓。渐渐地，村里有兴趣登台打鼓的青少年越来越少了，鼓声也难以耳闻了。约 30 年前，我到上房厅巡视，见那鼓架还在，但大鼓却破得不像样子。又过了若干年，大鼓也不在了，只留下了一个烂鼓架。去年，我又到上房厅拐角处看了看，放大鼓的地方已是一无所有了，让人感慨良多。大凡是，一些事情人们不再重视它、关注它，不再赋予它意义，它也就消亡了！

（五）端午节

端午节来临时，家家户户都会到村东樟树下池塘边去拔些菖蒲，插在自家门墙的两边，有的人家还添些艾秆一起插。后来由于村庄的拓展，樟树下的池塘消失了，菖蒲也随之不见了，艾秆则在有心人的菜园里还有许多。端午节那天，有人还将一些雄黄水喷洒在墙底处，据说这样可以防止毒虫侵扰。在食物方面，该日早上，大多数农家都会首先煮好一锅咸鸭蛋、大蒜头，端出来供大家分享，早上常会看见一群小朋友在众厅里展示各自的腌鸭蛋。上午，绝大多数农家都会以当年的菜油来煎制糯米粉油子。由于这种油子可存放较长时间，故而每家煎的油子都有一大盆。黄澄澄的油子出锅后，家人们都会马上将它蘸糖吃个过瘾。中午，一般农家会煮出一些肉块来做回锅肉犒劳全家一餐。

由于此时是水稻杨花前的农闲时，集体一般会组织本房的男人来洗水井，其中，上房人会负责洗上房井，中房人负责洗村前井。洗井时，井四角各立一人，各执一小水桶，轮番挽水急速提水倒水，见到井底后，派人下去收拾与清污一番，然后让井慢慢积蓄清水。

（六）中秋节

节日当天，农户主人们会将买来的麻饼分给家人，通过品尝麻饼的仪式，来帮助大家记住中秋日家人团圆相亲的人文情义。但中秋夜时，农家能把饼与圆月联系起来细细欣赏的较少见。对孩子们来说，中秋节最大的魅力，是节前他们对中秋饼的美好念想，以及看一看那轮圆圆的中秋月。在那时候，中秋饼仿佛是他们记忆中的珍美食品，有时小朋友一次能吃完五六个麻饼。总的来说，中秋节特色不多。

（七）春节

春节的大致情况：阴历腊月二十四日之后开始过小年，增强了大年的意识；除夕日晚上全家吃团年饭，吃完饭后，开始围火守岁，发压岁钱，至夜深时，由家长燃爆竹封门；正月初一凌晨时，由家长燃爆竹开门。这时屋外的走廊上，总会响起小朋友急促跑来捡未响爆竹的凌乱脚步声，于是，我们也会开心地加入其中。

村人共同认为，初一大朝（早上），初二请新姑夫，初三大日（这天早晚都要隆重地放爆竹，这是我村的独特风俗）。春节中最隆重的一餐饭是团年饭，其次是初三的中餐、晚餐，初五的中餐，正月十五日的午餐或晚餐等。初一早餐大都是吃用水磨糯米粉做的圆子。春节常见的主食有糯米圆子、麻糍、米饭等；菜肴中有猪肉、鸡肉、鸭肉、鸡蛋等，还有海带、莲藕、红萝卜、大蒜、芹菜、芋头等蔬菜；点心方面，有炒豆子、糖片、薯片，有时还有花生或少许糖果等。春节杀牲畜时，一般都有取点牲血蘸在大门上或门楣上祭祀祖先的习惯，以表达后人对前人的感恩。

五十三、新中国成立后28年间暇港村人口变化情况统计

新中国成立后的28年中，由于社会主义制度的优越性和生活环境的不断好转，暇港村的人口数量出现很大变化，1950年为233人，1978年为445人，新增人口为212人。

结束语

　　《暇港回忆》今日终于完稿，它是《暇港回忆》课题的主要成果。该课题经立项、调查、整理到研究、写作等过程，历时5年有余。《暇港回忆》未成稿前，它是我的一处乡愁，为之我心里总是又喜又忧；完稿后的今日，它依然是我的一处乡愁，我会不时地去回味记忆中那些林林总总的人和事，想象那往昔的风雨艰辛和灿烂阳光。历史回忆非历史本身，而是人们对过去历史经历感受的记忆，它重视记忆反映中的原貌性及思维、情感、语言的特定性，重视特定历史时空中的真实意趣，重视记忆者的感受、描述及记忆者之间的相互印证，重视历史中各种微妙的因果逻辑。历史回忆的最高境界，当是着力依据回忆中反映的现象与史料印证来映现出历史的真实，以达到回忆中的实事求是。而要做到这一点，非常不容易，需要详尽、深入、细致的调查研究。

　　为尽可能多地获得回忆者对暇港村历史现象的回忆信息，我多次果断排除杂务的干扰，前后赴暇港村、新余城、长沙市等地采访共百余次，多次到档案馆查阅资料。有时为从高寿老人那里得到更多的宝贵信息，我会像冲锋的战士一样，当机立断奔向远方进行采访，或奔向老者的床榻边，或奔向知情人的田间地头，或奔向乡亲们的烤火房。书稿出来后，大部分内容我还与回忆者进行了核对订正。如此所得到的收获也往往令人异常惊喜。限于自己能力及时间、条件的制约，回忆中肯定会存在一些不足，会存在对历史现象中的本质与规律把握不够的问题。在这里，我恳请各位读者给予指正，以便日后予以补救。

　　在完稿之际，我要真挚地感谢宜春学院科研处对我的研究的大力支持，真挚地感谢学校图书馆馆长杨永俊博士对课题给予的无私建议与大力帮助，感谢学报编辑部魏军副教授给予编辑方面的大力帮助，感谢这几年在采访、研究中给我提供了大量帮助的各位乡亲和知情人，其中特别要感谢多次被我打扰、麻烦的胡永华、胡仕华、胡郁文、胡有本、胡仕堂、胡意辉、王秀英、温桂英、胡建安、胡樟根、胡根孙等老人，他们认真、直率、客观、负责的精神使我备受感动；感谢始终热情支持我采访、随时无私配合的洞岭村傅法宗老人；感谢南门与阳家村的欧阳桂、胡月根、胡仁春老人；感谢新余市水利局的老领导黄国屏、胡金根；同时，还要感谢长期默默支持我课题研究的我的妻女及我的二弟胡小平。最后，奉上四句诗以抒胸臆：故乡转道忆沧桑，筚路蓝缕雨雪忙。菽稻起伏千载梦，愚公大地赋诗章！

胡银根

2021 年 6 月

附录

附录 1：1950—1978 年暇港村人口变化的
因素分析与结论

胡楚芳　　胡银根

人口是社会与历史的主体。社会依托人口才能支撑和发展，人口数据是判别、揭示社会发展状况及规律的基本依据之一。特别是在社会历史的剧烈变化时期，人口统计的信息尤其为研究人员所关注、所看重，不少人把它看成是研究历史的一把钥匙。宜春学院胡银根研究员在最近完成的一项学校地方研究项目中，以求实态度和回忆方式，获得了新余市暇港村从 1950 年至 1978 年 28 年间人口变化的一些重要调查数据：1950 年全村共有 74 户，人口总数 233 人；1978 年全村人口总数 445 人；28 年间全村共嫁入人口 76 人，共生育人口 279 人。联系暇港村具体历史背景看起来，这些数据似乎平淡无奇，但客观上却意蕴丰富而深长，折射出相关时代不同因素对人口生育成长的具体影响，很值得深入分析研究。

一、1950 年暇港村人口情况

人口是村庄的主体，它体现出了村庄的规模、兴衰与能力。1950 年，暇港全村人口是 233 人。这个数据被调查出来时令我们惊讶：暇港作为一个在当地颇有名声的历史古村，远近的人们都认为它是一个大村，当时怎么会只有区区 233 人呢？只有这么多人口的一个村庄，怎么在当地会被称为一个大村呢？

事实上，当时的暇港村仅有 233 人并不奇怪，这是新中国成立前多年的特定环境与条件作用于暇港村人口的必然结果。

　　新中国成立前暇港村的社会环境一直很不好，政治腐败无能，经济凋弊，社会混乱，社会意识中宣扬的四维八德，即"礼义廉耻与忠孝仁爱信义和平"，很难真实地体现在社会实际生活中，更难以体现在农村农民的政治生活与经济生活中。生于 20 世纪 20 年代的暇港老村民胡永华在回忆当年的情况时意味深长地说："那时的暇港，村庄环境及民生情况都不好。"比胡永华小一岁的暇港老村民胡仕华也在回忆中愤慨地说过："那时社会风气很乱，大多数人过得不好。"

　　这里都说的"不好"，很重要的根源在于当时土地占有的不平等带来的贫富差别以及由此带来的社会混乱。当时村里大多数贫苦农民正像毛泽东在《湖南农民运动考察报告》所指出的那样，他们"终年在劳碌愁苦中过生活"。由于封建社会土地制度中的兼并，一般农户的土地资源很有限，多数农户只有数量不多的水田，个别农户甚至无分寸土地。而那时，水稻亩产每年又只有 200 斤左右。这样，他们的经济生活显得贫穷脆弱就是自然的了。以一个主要劳力一年要消费 800 斤粮食（稻谷）、一个小孩平均每年要消费 600 斤粮食来计算（那时缺少肉类油脂消费，大人、小孩一人一餐需要半斤至 4 两米），一个五口之家一年需要 3400（800×2 ＋ 600×3）斤粮食。而要生产这 3400 斤粮食，以一亩 200 斤产量计算，需要当时 17 亩水稻的产量；以一亩 230 斤计算，也需要将近 15 亩水稻的产量。而这种土地占有与产能，只有较富裕的农户才会拥有，多数贫困农户是很难实现的，何况这些粮食带来的收入，还远不能满足家庭中的其他生活需要。

　　正是由于存在这种土地占有的结构性矛盾，多数农家的经济困顿是必然的。每年五六月时，他们都会遇到程度不同的青黄不接困境，这时他们偶尔也想买点猪肉吃，但受经济收入的限制，多数农户也只有以一种预售未来新谷的"吃新谷肉"的方式来解决。

　　土地不足使得粮食不足，加上当时社会风气不好，村里赌博、慢性疾病、愚昧等现象长期存在，家族事务又需要一定的开支，使得多数农户长期陷入难以自拔的窘境，有的被迫租种地主家的土地，有的去远离村子的山里开拓农田，有的去兼做一些贩卖生意，终年精神负担沉重，体力消耗难以补给，使得他们在困顿与虚弱之中很容易落下病根。正是在这种因果关系的演绎下，穷苦人家不但人口增长显得十分困难，男劳力也较容易身体早衰，一些男性更是难以娶妻成家。该村许多的贫穷农户中，年老的一辈中常是妻子还活着，丈夫则早已不在，如胡财成的母亲、胡群华的母亲、胡生安的母亲、胡群安的母亲、胡永华的母亲、胡自强的母亲、胡耐根的母亲、胡建华的母亲等，均因丈夫早年去世而处于携子守寡状态；有的则双方均已早逝，只留下儿女，如胡恒安、胡文安、胡堂安、胡仕安四兄弟家庭，胡富贞、胡来贞两兄弟家庭，胡禄本、胡文本，胡求本等家庭。因此，当时许多农户人口较少，三口之家的农户在全村总农户中占了大半。

除以上原因外，暇港村的资源相对固化状态也迫使一些弱势者外流。暇港村作为文峰胡氏的宗主村，农户之间的土地、房屋等经济资源关系比较稳定，要开田、扩建很不容易。一些家庭困难的农户为突破生存的困境，往往会选择移居他乡谋生（但在心理上，他们仍愿意以"暇港人"自居）。这类人也不少，如胡向本、胡辉本两兄弟，本是暇港村人，但后来却选择去梧岗一小村生活和发展。胡林华父辈三兄弟（胡世本、胡地本、胡道本）中胡道本的儿子根根仔，则选择在峡江县的岭背安家立业。中房五兄弟老大胡启贞的儿子胡福安，选择在老头村成家立业。还有邻村彭家塘的九户人家，大多是中房人，在既往的家族生活中都一直以"暇港人"自称，而生产生活又长期不在一起。这类人口的外流与外居，也使得暇港村的固有人口不断减少。

据暇港村的一些年长者听先辈口传回忆，暇港村比较昌盛时，人口数量近300，已有六七十户农户。当时虽然没有具体统计，但这个判断比较可靠。自20世纪初以来，由于社会生存状况混乱，受贫穷、疾病、灾荒、逃难、战争、抓壮丁等因素的影响，暇港村的人口逐渐开始减少起来，但到1950年，村里依然有74户，这说明人口减少后的农户数量框架还存在。当时，村周围的一些小村，如花溪村、老头村、东洲村、高边村等，只有二三十户；而符家塘村、垱下村、曹家村等，则只有十多户或八九户。因而相对来说，当时在南安山区人们一直把暇港村看成是一个大村，还是合乎情理的。

总之，新中国初成立时暇港村人口只有233人，这是社会政治经济环境混乱、生活条件差、人的寿命较短、家庭凋敝的必然结果；同时，还有74户农户，则说明当时人口虽然不多，但村庄的框架还算比较大。

二、1950—1978年暇港村人口变化（嫁入、出生、嫁出、死亡）情况

新中国成立后，暇港村的人口发生空前变化，主要特点是生育率高，出生人口多，人口死亡比例较低。

（一）人口出生与人口嫁入情况

人口要发生变化，直接与妇女的数量相关。1950—1978 年，暇港村共增加了 76 位嫁入人口。嫁入人口是指与男性结婚而增加的外来女性人口。这部分人口的增加，将会使家庭的人口数量因出现生育而增加。这是嫁入人口的主要影响。同时，少数嫁入的女性因缺乏生育能力，她们的到来不会使家庭人口出现明显的变化。

据统计，这 76 位嫁入人口中，有生育能力的妇女为 72 位，她们中少部分人生育子女较少，只生了一个或两个，多数人生育子女较多，个别妇女生育过 9 个子女。她们和前不久嫁入暇港村的青年妇女一起，成了这 28 年间暇港村妇女生育的主体。

在这 28 年中，暇港村各家庭共生育子女 279 人，其中生育 3 个子女以上的妇女有 45 人。

生育 4 个子女以上的妇女有 38 人，她们分别是胡万安妻子、胡招安妻子、胡建安妻子、胡圣辉妻子、胡群安妻子、胡冬本妻子、胡秋根妻子、胡怡本妻子、胡仕堂妻子、胡道成妻子、胡堂安妻子、胡文安妻子、胡仕安妻子、胡恒贞妻子、胡自强妻子、胡能安妻子、胡时成妻子、胡郁文妻子、胡阶良妻子、胡户良妻子、胡吉良妻子、胡林根妻子、胡义良妻子、胡华安妻子、胡永华妻子、胡承业妻子、胡仕华妻子、胡克亮妻子、胡高生妻子、胡有本妻子、胡建华妻子、胡印华妻子、胡求本妻子、胡梅根妻子、胡六生妻子、胡福生妻子、胡禄本妻子、胡柏华妻子。

生育 5 个子女以上的妇女有 17 人，她们分别是胡万安妻子，胡能安妻子、胡堂安妻子、胡仕安妻子、胡自强妻子、胡时成妻子、胡郁文妻子、胡阶良妻子、胡户良妻子、胡吉良妻子、胡华安妻子、胡林根妻子、胡永华妻子、胡仕堂妻子、胡承业妻子、胡仕华妻子、胡克亮妻子。

生育 6 个子女以上的妇女有 15 人，她们分别是胡万安妻子，胡能安妻子、胡仕安妻子、胡自强妻子、胡时成妻子、胡阶良妻子、胡户良妻子、胡吉良妻子、胡华安妻子、胡林根妻子、胡永华妻子、胡仕堂妻子、胡承业妻子、胡仕华妻子、胡克亮妻子。

生育子女 7 个以上的妇女有 5 人，她们分别是胡万安妻子、胡自强妻子、胡永华妻子、胡承业妻子、胡仕华妻子。

需要说明的是，当时人口生育是完全自由的，不会受到政治环境与政策的任何影响。在生育了 4 个子女的妇女中，有 6 位妇女丈夫的阶级成分为地主或富农；在生育了 5 至 7 个子女的妇女中，均有 5 位妇女丈夫的阶级成分为地主，他们在生育问题上没有受到任何社会歧视。

由以上情况可见，新中国成立后绝大多数妇女的生育能力都得到了较充分的释放，而且，生下的绝大多数的孩子都得以成活，生育也没有任何阶级歧视。

（二）嫁出人口情况

这 28 年来，暇港村共嫁出人口 88 人，其中女青年初嫁 87 人，已婚妇女二嫁 1 人。

（三）死亡人口情况

这 28 年来，暇港村人口死亡 55 人，其中包括抗美援朝战争中牺牲 2 人，幼儿夭折 3 人，青少年死亡 3 人。

（四）1978 年暇港村人口总数的计算式

233 人（1950 年人口数）+279 人（28 年来生育人口数）−12 人（28 年来嫁出人口 88 人比嫁入人口 76 人多 12 人）−55（28 年来的死亡人口数）=445 人

三、1950—1978 年暇港村人口变化的原因分析

暇港村 1950 年拥有人口 233 人，至 1978 年全村共拥有人口 445 人，人口出生数为 279。这里 279 的人口出生数，是 28 年间村里所有妇女生育的人口数，包括之前已婚妇女所生的人口。这个人口出生数，比 1950 年时暇港村人口总数的 233 人还多 46 人。因而，这 28 年是一个人口的激增期。笔者认为这一人口激增现象背后的主要原因有以下四个。

其一，新中国成立后政治与经济崭新的环境，为村民人口的出生、成长及持续增长提供了基本的保障，暇港村人口的生存环境与条件有了翻天覆地的大变化。这种变化的本质，就是在党和政府的领导下，村民们都有了民主、自由、平等的政治权力和社会地位，他们不再担心剥削阶级与黑恶势力的剥夺、压迫和欺吓，都拥有申张正义公理的权力，都开始当家做主人了。与此相适应的是，在不同条件与要求的发展时期，他们都共同享有平等的经济地位与权力，共同拥有平等的土地，共同参与社会公共建设和集体生产劳动分配，都拥有一定的自留地与蔬菜土地等。这种政治经济的平等性、民主性，使得这 28 年来村里不管遭逢天灾还是人祸，各家均有基本的粮食及教育、医疗条件的保

障。在三年困难时期，粮食供应明显不足，广大群众一时需要用一些菜叶、稗子、板栗子等充填肚子，这时的饥饿感受，给大伙留下了很深的心理印记。但在党和政府的领导与关心下，家家户户仍都有惊无险地挺了过来，做到了生产未垮、生育未停、信心未失。人民群众当家做主，党和政府全心全意依靠群众和关心人民群众，这是 28 年中暇港村人口迅速增长的最重要的政治经济环境，是有史以来农民所享受的最好的公平正义的社会保障。

其二，人口生育明显增加，与党和政府一贯重视农村基本医疗保障密切相关。新中国成立后，政府为保障农村人口的卫生健康，从实际出发，及时培训了农村最急需的接生员和乡级医生；到了 20 世纪六七十年代，又积极培训乡村赤脚医生，推广农村合作医疗制度，使农村人口生育成长中的一些主要健康问题得到了较好的关注和解决，一些流行病、恶疾得到了较好的防治，卫生健康环境明显改善，进而有力提高了人口生育成长的质量。

其三，人口生育数量的明显增加，与村民接受了一定的文化教育、大大增强了破除封建迷信的能力不无关联。新中国成立后不久，文化教育事业在暇港村得到大力发展，托儿所、幼儿园、小学等机构的成立，学校教育影响下的社会文化与理性的成长，健康宣传教育的深入，农民的卫生观念、育人观念的不断加强，封建迷信观念不断被破除，生活方式不断有所改变，这些都使得新生的人口素质有了前所未有的良好外部文化协调力量。

其四，传统观念给生育带来的惯性影响。传统文化中的生育观念对村民的影响仍是深刻的。那时人们普遍认为"男女结合不是个人自己的事情，是关系到男子所属的大家庭，乃至家族的大事。""多子多福"是多数村民婚姻中的价值导向和人生幸福观念。

从政治学、社会学的视角看，在一定程度上，环境能决定人，也能决定人口。到 1978 年时，由于人口生育增加，暇港村的固定人口为 445 人，比 1950 年的 233 人纯增 212 人，纯增人口数与 1950 年的全村人口数相差不大。1950—1978 年间共出生人口 279 人，绝大多数出生人口都存活了下来。这种人口生育与存活状态，本身就是一种对其原因的客观表明。

我们在分析了暇港村人口增长原因后，得出的结论是，推动暇港村人口迅速增加的因素是多方面的，但是其中起主要的或根本性作用的，是社会政治制度的变化。政治变化能深刻影响到经济、教育、医疗、住行、安全等人口生存条件的变化。正是由于新中国成立后社会政治制度出现根本性变化，人口的生育状况也随之发生巨大变化。如果没有共产党领导下的新中国与崭新的社会主义制度的建立，暇港村的人口呈现如此增长及兴旺发展是不可能的！

附录2：1950—1978年暇港村人口变化情况统计表

表附录-1　1950—1978年暇港村人口变化情况统计表

序号	户主	1950年家庭人口数	1950年至1978年娶进人口数	1950年至1978年出生人口数	1978年家庭人口数	备注
1	胡财成	4	1	4	6	
2	胡和顺	5	0	0	0	
3	胡道成	3	1	4	5	
4	胡生成	3	1	3	6	
5	胡国顺、胡自成	5	1	3	6	
6	胡时成、胡郁文	5	2	11	16	
7	胡明安、胡道安	5	1	0	2	未生育
8	胡恒安	3	1	2	4	
9	胡堂安	2	1	5	7	
10	胡文安	3	1	4	7	
11	胡仕安	2	2	6	9	
12	胡恒贞	5	2	5	6	
13	胡生贞	3	0	2	4	
14	胡自强	4	1	7	10	
15	胡怡贞	1	0	0	0	
16	胡万安	4	2	6	12	
17	胡招安	2	2	4	6	
18	胡能安	4	1	6	8	
19	胡堂贞	3	0	0	0	
20	胡生安	3	0	4	6	
21	胡建安	2	1	4	6	
22	胡富贞	5	1	2	5	
23	胡来贞	4	1	5	6	
24	胡桂安	4	1	2	5	
25	胡财安、胡林根	5	1	6	10	
26	胡法安	4	1	4	7	
27	胡禄安	1	0	0	0	
28	胡华安	2	1	5	6	

续表

序号	户主	1950年家庭人口数	1950年至1978年娶进人口数	1950年至1978年出生人口数	1978年家庭人口数	备注
29	胡顺安、胡阶良	4	0	6	8	
30	胡户良	1	1	6	8	
31	胡美良	3	1	4	6	
32	胡奉安、胡吉良	4	1	5	5	
33	胡国平	5	1	5	6	
34	胡圣辉	1	1	4	7	
35	胡水金	3	1	3	6	
36	胡隆安	2	1	1	3	
37	胡群安	2	1	4	7	
38	胡善安	4	1	3	5	
39	胡冬本	4	2	8	12	
40	胡怡本	3	1	4	7	
41	胡贡章	3	2	6	12	
42	胡富章	5	2	4	7	
43	胡桂本、胡永华	4	1	7	10	
44	胡吉华	5	0	0	3	
45	胡春华	6	2	8	12	
46	胡群华	2	2	4	7	
47	胡香堂	3	1	0	0	未生育
48	胡柏华	4	0	4	6	
49	胡高生、胡细女	4	1	4	7	
50	胡建华	2	1	4	6	
51	胡承业	3	2	11	13	
52	胡印华	4	0	4	6	
53	胡瑞章	1	1	2	4	
54	胡有本	3	1	4	6	
55	胡耐根、胡意华	4	2	1	5	一人未生育
56	胡求本	2	1	4	6	
57	胡生本、胡克亮、胡生林	4	3	8	13	
58	胡仕华	1	1	7	9	
59	胡学华	1	1	5	7	

序号	户主	1950年家庭人口数	1950年至1978年娶进人口数	1950年至1978年出生人口数	1978年家庭人口数	备注
60	胡福华、胡梅根	5	2	6	9	
61	胡禄堂、胡六生	3	1	4	7	
62	胡林华	1	1	1	3	
63	胡辉本、胡根仔	3	1	2	4	
64	胡禄本	1	1	5	7	
65	胡爱本、胡彬华	4	2	3	5	
66	胡望华	1	0	0	1	
67	胡启章、胡咪仔、胡圆仔	4	2	5	9	
68	胡全章	2	1	3	6	未生育
69	花溪龚氏	2	0	0	0	
70	胡文本	1	1	2	4	
71	胡志祥	5	0	0	0	
72	胡德本	3	0	0	0	迁居外村
73	胡初良、胡福生	4	1	4	6	
74	胡来本	1	0	0	0	
	总计	233	76	279	445	

附录3：作者采访现场图片

图附录 -1　采访老师胡永华

图附录 -2　采访老大队长胡有本

图附录 -3　采访老生产队长胡仕华

图附录 -4　采访老师胡郁文

图附录-5　采访老副生产队长胡仕堂

图附录-6　采访老生产队长胡意辉

图附录-7 采访村原妇女主任王秀英

图附录-8 采访村原妇女干部温桂英

图附录-9　采访老社员胡狗仔

图附录-10　采访原生产队妇女干部杨根英

图附录-11　采访原梧岗大队统计员、新生大队干部傅法宗

图附录-12　采访原南门大队干部胡仁春、胡月根

图附录 -13　采访原姚圩区区长、新余市水利局领导胡金根

参考文献

[1] 毛泽东 . 毛泽东选集 [M]. 北京：人民出版社，1964.

[2] 毛泽东 . 毛泽东选集：第五卷 [M]. 北京：人民出版社，1977.

[3] 朱哲 . 中国文化讲义 [M]. 武汉：武汉理工大学出版社，2006.

[4] 费孝通 . 江村经济 [M]. 北京：商务印书馆，2001.

[5] 温铁军 . 八次危机：中国的真实经验（1949—2009）[M]. 北京：东方出版社，
2013.

[6] 许善斌 . 证照中国：1949—1966[M]. 北京：新华出版社，2011.

[7] 赵鹏飞，肖根黎 . 共和国的成长 [M]. 北京：农村读物出版社，1989.

[8] 林钊 . 辉煌 60 年：共和国纪事 [M]. 北京：新华出版社，2009.